SOUVENIRS MILITAIRES

D'UN OFFICIER FRANÇAIS

1848-1887

L'auteur et les éditeurs déclarent réserver leurs droits de reproduction et de traduction en France et dans tous les pays étrangers, y compris la Suède et la Norvège.

Ce volume a été déposé au ministère de l'intérieur (section de la librairie) en avril 1896.

COLONEL Ch. DUBAN

SOUVENIRS MILITAIRES

D'UN OFFICIER FRANÇAIS

1848-1887

Deuxième Édition

PARIS

LIBRAIRIE PLON

E. PLON, NOURRIT et Cie, IMPRIMEURS-ÉDITEURS

RUE GARANCIÈRE, 10

1896

Tous droits réservés

A

MES CHERS ENFANTS

SOUVENIRS MILITAIRES

D'UN OFFICIER FRANÇAIS

1848-1887

CHAPITRE PREMIER.

Quelques renseignements sur le lieu de ma naissance et sur ma famille.

Ce n'est pas sans appréhension que je me décide à fixer sur le papier les différentes phases ou épisodes militaires auxquels j'ai pris part dans ma longue et très accidentée carrière.

Je crains tout d'abord de manquer d'érudition, peut-être de clarté, tout au moins de science pratique dans l'arrangement et la présentation des faits et anecdotes que je me propose d'extraire de ma mémoire, où ils sommeillent depuis de longues années !

Plusieurs de mes amis, très au courant de ma vie militaire, de mes campagnes, ainsi que des péripéties qui s'y rattachent, ont pensé qu'il y aurait un réel intérêt à les réunir, à les grouper et à les mettre ensuite sous les yeux de mes compatriotes ; puis aussi d'en faire profiter nos jeunes gens, futurs conscrits pour la plupart, qui pourront ainsi avoir une idée de ce qu'on peut obtenir dans l'armée, avec de la *conduite,* de la *discipline* et la *ferme résolution* de remplir *consciencieusement* tous ses devoirs !

Je serai également très heureux de laisser par écrit, ce qui est bien naturel, ces émouvants souvenirs à mes chers enfants, et ce ne sera pas sans charme que j'initierai les uns et les autres à mes tribulations militaires. Le récit n'en sera peut-être pas toujours très correct ni très développé ; je laisse à chacun le soin d'en comprendre les raisons, mais, à coup sûr, il sera *sans prétention.*

En outre, je tiens essentiellement à m'abstenir de toute *appréciation* ou *considération* politique, car je n'ai absolument en vue que la reproduction de scènes et événements militaires isolés, mais se rattachant à la chose principale, comme de simples anneaux soudés les uns aux autres contribuent à former une longue chaîne. Je désire rester simplement dans mon rôle, ainsi qu'à ma place officielle et régulière en toute circonstance.

Je m'empresse également de déclarer que je ne chercherai aucunement à *enfler* ou à *dénaturer* plus ou moins mon récit pour le rendre *attrayant* ou *flatteur*. Non, je serai sincère et ferai tous mes efforts pour rester de même *impartial* et *juste*.

Ceci dit, je crois qu'il est indispensable de donner quelques renseignements très *succincts* sur ma jeunesse, le lieu de ma naissance, mon âge, ma famille et sur ma situation, avant de prendre ma bien modeste place dans notre glorieuse armée.

Je suis né à Dijon, rue d'Auxonne, le 6 janvier 1827, d'une famille très honorable, aisée, mais sans fortune.

Mon père, ancien sous-officier du premier Empire, nommé chevalier de la Légion d'honneur pour faits de guerre en Russie (1812), spécialement au passage de la Bérézina, rentra dans la vie civile vers 1813 et se maria. Complètement illettré, puisqu'il employait *cinq* sortes d'écriture pour signer son nom de cinq lettres, il était cependant, chose assez surprenante, employé comme comptable et préposé à l'achat et à la vente des grains chez un riche négociant du quartier.

Il me semble encore voir son gros calepin-portefeuille auquel était attaché, avec une ficelle, un énorme et excellent crayon servant à ses inscriptions ; tous deux avaient l'air fort imposant, et rien qu'à leur aspect on pouvait apprécier leurs longs et brillants services.

Eh bien, le croira-t-on, les erreurs sur le fameux calepin étaient extrêmement rares ; cependant mon père *seul* pouvait s'y reconnaître. Il n'a certainement pas inventé la sténographie, mais ses énoncés, ses comptes y ressemblaient beaucoup, car il n'employait jamais que la première lettre de chaque nom ou chose : *O* pour orge, *A* pour avoine, *B* pour blé, etc. Quoi qu'il en soit, le produit de son travail lui a permis, avec l'aide de ma chère et bien-aimée mère, d'élever six enfants, dont j'étais le plus jeune. — Je dis *six*, cinq garçons et une fille, mais ma sœur, qui était l'aînée, fut placée dès son jeune âge à la Légion d'honneur, à Écouen, où elle fut élevée comme fille de légionnaire, et n'en est sortie que pour se marier.

Malheureusement, ma pauvre mère mourut ; j'avais alors *six* ans ! Ce fut une perte irréparable pour toute la famille. Mon père fit la folie de se remarier; il épousa une jeune femme, assez belle et coquette, mais peu disposée à continuer la bonne direction que ma chère mère donnait à la maison, d'autant plus qu'elle était dure, acariâtre et même méchante avec nous.

Aussi mes trois frères aînés s'empressèrent de déguerpir de cet intérieur, dépourvu de charmes. Chacun d'eux ayant heureusement appris une profession était à peu près à même de se suffire, mais les deux derniers durent supporter quand même, jusqu'à leur première communion, les mauvais traitements et procédés de cette marâtre.

Mon tour vint enfin de prendre mon vol; j'avais alors moins de quatorze ans. Je partis pour Paris, où je trouvai ma sœur mariée, sœur que je n'avais jamais vue et qui voulut m'offrir ses services; mais je tenais essentiellement à me débrouiller seul. C'était de la prétention, je l'avoue; cependant j'eus la bonne fortune de rencontrer de bonnes gens qui m'offrirent des emplois assez lucratifs; cela me permit de me tirer d'affaire. Je possédais une très belle écriture, avantage toutefois tout naturel, car, on l'a vu, mes pauvres études furent bien prématurément terminées. A douze ans, mon père me trouvait trop savant!

Bref, cette belle écriture me servit, puisque sur son échantillon je fus employé comme clerc d'un M. B. de J..., ex-avocat et chargé d'un cabinet d'affaires. Puis j'entrai comme comptable chez de gros entrepreneurs de travaux de la ville de Paris.

J'avais comme camarades des jeunes peintres en décors d'appartement que je voyais toujours gais, heureux, pimpants. Je voulus apprendre cette profession et j'y réussis tellement qu'après six mois d'apprentissage, rémunéré en raison de mes excellentes dispositions, mon patron me paya comme un ancien ouvrier.

Il est vrai qu'il m'employait à tout; je faisais les bois, les marbres, la lettre, l'attribut, etc. Il y trouvait aussi son bénéfice, puisque cela lui évitait de faire venir des ouvriers spéciaux.

J'atteignis de cette façon l'âge de la conscription. Je rêvais d'être soldat, et cependant je ne voulais pas m'engager avant mon tirage au sort; je m'étais fait une très fausse idée de l'engagement volontaire : aussi, le fameux jour du tirage, qui épouvantait une grande partie des conscrits à cette époque, où le congé était de sept années, me trouva prêt et on ne peut mieux disposé à tirer ce qu'on appelait alors *un mauvais numéro*.

Je fus servi à souhait, puisque je tirai du sac le 166 sur onze ou douze cents conscrits du XIe arrondissement. J'eus cependant un court moment de déception. On se servait à Paris, en 1848, pour cette opération du tirage au sort, de pions marqués des deux côtés, semblables à ceux employés dans certains jeux de loto. Or, j'avais vu mon numéro à l'envers, c'est-à-dire dans le sens inverse, ce qui faisait 991 ; mais le Pandore préposé à la surveillance du sac me fit remarquer le *petit point* indiquant le véritable sens du numéro, — c'était bien 166 !

Ma résolution fut bientôt prise ; j'étais décidé à devancer l'appel d'autant plus que, dans ce cas, le conscrit a la faveur de choisir son régiment. Quelques jours seulement après le tirage, je me présentai pour cela au bureau de recrutement de Paris. Je trouvai là un vénérable commandant, sortant de la cavalerie ; je lui exposai ma demande pour un régiment de hussards, le 4e spécialement, si cependant la chose était possible !

Ce vieux brave me regarda attentivement et me dit avec beaucoup de bienveillance : « Vous voulez aller dans la cavalerie, surtout aux hussards, et rester à Paris sans doute? — Oui, mon commandant. — Eh bien, me dit-il, ce n'est pas possible, d'abord parce qu'il n'y a pas un seul régiment de cavalerie à Paris. (En effet, depuis les journées de Février, qui renversèrent le roi Louis-Philippe, toutes les troupes, à l'exception de quelques régiments d'infanterie, avaient évacué la ville.) Et puis, voyons, jeune homme, me dit-il, voulez-vous avoir confiance en moi, vieux soldat, qui sors de la cavalerie? Eh bien, avez-vous de la fortune? — Moi, pas le sou, mon commandant. — Des protections? — Aucune, je ne connais personne. — Et vous voulez aller comme cela dans la cavalerie, aux hussards surtout? — J'avoue, lui dis-je, que cela me sourit beaucoup! — Vous voulez sans doute aussi suivre votre carrière militaire? Eh bien, croyez-moi, ayez confiance dans ma longue expérience. Vous paraissez intelligent, bien élevé et assez instruit; alors, si vous voulez rester au service et parvenir, n'allez pas dans la cavalerie, encore moins aux hussards, où il n'y a que des fils de famille, *recommandés, riches* et qui, sans rien faire de bon, vous primeront quand même et toujours! Si, dans vos sept années, vous arrivez à être sous-officier, même brigadier, il faudra vous estimer très heureux, et cela après mille et mille tribulations et vexations! Non, mon ami, je vous le répète, suivez mon conseil et allez tout bonnement dans l'infanterie, où vous ferez tranquillement votre chemin. »

Ces bonnes paroles me touchèrent, mais il m'en coûtait trop d'aller dans les fantassins, je ne voulais de la ligne à aucun prix; je me décidai pour les chasseurs à pied, mais il n'y en avait pas à Paris! Le bon commandant, me voyant indécis, m'offrit alors de me placer au 11ᵉ léger, seul régiment de cette arme alors dans la capitale. J'acceptai, et c'est ainsi que ma carrière se décida en entrant dans ce beau et excellent régiment, où je devais rester vingt-deux ans et conquérir tous mes grades, jusqu'à celui d'officier supérieur (chef de bataillon).

CHAPITRE II.

Mon entrée au service. — Arrivée au 11e léger. — Journées de juin 1848.

Mai 1848. — A cette époque, il y avait peu d'avancement pour les pauvres diables sortant des rangs ; sur dix-huit ou vingt sergents-majors, dix portaient *trois* chevrons sur le bras gauche, les autres *deux,* et peut-être un ou deux au plus de ces sous-officiers n'en portaient qu'un. Ce qui annonçait : quatre, trois, deux, ou au moins un rengagement. Les sujets instruits, bons comptables surtout, étaient extrêmement rares et recherchés. Aussi, dès mon arrivée, je fus accueilli à bras ouverts par l'excellent sergent-major D..., qui devint plus tard mon lieutenant, puis capitaine, et dont je reparlerai plus loin.

En mars et avril 1848, on fit revenir les troupes dans Paris, et dans le courant du mois de mai, une grande revue fut passée au Champ de Mars. La capitale regorgeait alors de gens plus ou moins sans aveu, d'ouvriers sans travail, et le pain étant très cher, la situation commençait à devenir menaçante. Le gouvernement provisoire organisa des ateliers nationaux, et on forma *très heureusement* ce qu'on appela la garde mobile. Dans ses rangs entrèrent une grande partie de ces jeunes Parisiens inoccupés qui, bien vêtus, bien soldés, furent très flattés de faire le service d'ordre public dans Paris. Cette garde devait rendre de plus grands services et devenir très précieuse quelques mois plus tard.

En effet, la grande émeute des journées de Juin approchait, la révolution s'organisait sur une grande échelle par tous ces gens déclassés, inoccupés, la plupart sortant des prisons et qui, n'ayant rien à perdre, cherchaient dans l'émeute l'occasion de piller et de saccager Paris, qui n'avait pu l'être comme ils le désiraient en février.

C'est alors que le gouvernement fit rentrer les troupes dans la capitale. J'étais en ce moment à peu près installé comme chasseur de 2ᵉ classe, ainsi que je l'ai dit, au 11ᵉ léger, mais employé de suite au bureau du sergent-major comme élève fourrier.

Il est bon de faire connaître que je ne fus pas

envoyé au dépôt de ce régiment, alors en garnison à Tours, en raison de mon instruction militaire, qui était déjà bien avancée avant mon arrivée au corps ; cela peut paraître bizarre, et cependant c'est la vérité. Étant enfant à Dijon, j'allais aussi souvent que cela m'était possible contempler les soldats de la garnison faisant l'exercice dans les allées du Parc ou sur la place Saint-Pierre, appelée à cette époque : place au Foin.

Les sous-officiers me connaissaient et prenaient plaisir parfois à me faire manier un fusil devant leurs hommes, faisant ainsi honte à leurs soldats maladroits. J'apportai tellement de goût à la chose, que j'appris facilement même la fameuse charge en douze temps des anciens fusils à pierre et à baguette. Je connaissais également assez bien l'école des tirailleurs. Aussi mes officiers de compagnie me présentèrent comme une petite merveille à mon chef de bataillon, qui fit décider mon maintien aux bataillons de guerre.

Moins de deux mois plus tard, j'étais déjà demandé et employé comme fonctionnaire fourrier dans une compagnie d'élite (carabiniers), et c'était plus que drôle de voir un petit soldat du centre remplacer le fourrier d'élite, alors à l'hôpital. Ceci explique une fois de plus la pénurie de comptables sous les drapeaux en 1848. Cette circonstance me fit connaître davantage et fut très avantageuse pour mon futur avancement.

Dans le courant de juin, l'émeute se prononça ; toutes les troupes furent consignées dans leurs casernes. Les barricades s'élevèrent et se garnirent d'insurgés, la circulation devint impossible dans les principales rues et spécialement sur les grands boulevards. Nous reçûmes l'ordre de marcher.

Une colonne fut formée avec le 11ᵉ léger, un bataillon de garde nationale et une section d'artillerie (2 pièces). Cette colonne, en tête de laquelle figurait le général de Lamoricière, partit de l'École militaire et se dirigea, par la place de la Concorde et les grands boulevards, jusqu'à la porte Saint-Martin. Les trottoirs des boulevards étaient encombrés de monde et nous étions continuellement salués par les cris de : *Vive la ligne! Vive le* 11ᵉ *léger!*

Nous fûmes arrêtés contre ladite porte et face au faubourg Saint-Martin. Le général remarqua une certaine agglomération dans cette rue, à la hauteur de la caserne des municipaux (actuellement la mairie de l'arrondissement) et de l'établissement du Tapis-Rouge.

C'était tout bonnement une formidable barricade que les insurgés élevaient à cet endroit. Nous avions deux canons, et il nous eût été facile d'empêcher ce vilain travail; mais le général n'avait point d'ordre, et nous fûmes forcés d'assister l'arme au pied à cette construction, qui allait deux heures plus tard nous coûter cher à enlever.

Je m'étends un peu trop peut-être sur cette insurrection que tout le monde connaît et a pu apprécier dans des livres spéciaux ; mais ce sont mes débuts, c'est là que j'ai *essuyé* les premiers coups de feu, que j'ai entendu *siffler* les premières balles à mes oreilles, balles françaises, il est vrai, et cela dans le quartier que je venais d'habiter comme civil, au milieu de gens et de boutiques que je connaissais. Je ne pouvais croire au sérieux de la chose, et c'est sans crainte, sans peur que, le moment venu, je m'approchai avec ma compagnie de la fameuse barricade que nous devions enlever.

Cependant, ce n'est pas sans une vive émotion que je revois dans mes souvenirs l'instant où, arrivés au pied de cet obstacle, qui atteignait au moins la hauteur du deuxième étage, je remarquai les insurgés couronnant le susdit et criant, vociférant plutôt : *Vive la ligne! Vive le* 11e!

Le général, à cheval à quelques pas d'eux, leur disant avec son sang-froid proverbial et railleur : « Allons donc ! Ne criez pas tant : *Vive la ligne !* Défaites votre barricade et laissez-nous passer. —Non, non. *Vive Lamoricière ! Vive la ligne !* mais vous ne passerez pas ! — C'est ce que nous allons voir », dit le général en faisant un signe au lieutenant commandant la compagnie de carabiniers, laquelle en bataille tenait à peu près la largeur de la rue. J'étais moi-même à la droite de cette compagnie et presque contre les pavés élevés en barricade, avec des voitures, des meubles, des tonneaux, etc.

A ce moment, sans commandement, sans rien autre, les insurgés tirèrent sur nous, et les carabiniers firent un feu de salve qui balaya en moins d'une minute les défenseurs de cette barricade.

Les insurgés tirèrent trop haut, heureusement, car aucune de leurs balles ne devait manquer de toucher, mais ils étaient affolés et songeaient déjà *à la fuite*. Quelques-uns de nos hommes cependant tombèrent, deux tués, je crois, et cinq ou six blessés. Le général, intact, n'avait pas même sourcillé !

Il y avait, au coin de la barricade où je me trouvais, une femme, sale, échevelée, ivre, vêtue d'une robe jaune, que je vois encore. Cette furie tenait d'une main un semblant de drapeau ou fanion rouge et un pistolet de l'autre ; elle tira sur le sergent qui se trouvait devant moi et le manqua. Celui-ci, furieux, la cloua sur la barricade d'un coup de baïonnette. Je détournai la tête en escaladant ladite barricade, et je ne vis plus rien de cette vilaine scène.

Nous continuâmes notre parcours dans la rue du faubourg Saint-Martin jusqu'à hauteur de la rue des Vinaigriers, où nous trouvâmes d'autres barricades et d'autres coups de fusil.

Les deux pièces d'artillerie arrivèrent, et on les employa avantageusement ; mais quel tapage, quels dégâts, quel épouvantement, ces coups de canon sur les pavés, sur les maisons où les émeutiers se réfugiaient ! Quelles scènes ! Quels tableaux ! Je n'essayerai pas de retracer ce que j'ai vu de terrible, de désolations et d'actes de sauvagerie dans cette douzaine de jours et de nuits, pendant lesquels mon régiment fut employé à combattre les misérables qui voulaient bouleverser à leur profit la société et ériger le vol et le pillage au-dessus de la morale et de nos lois.

La garde mobile, composée en grande partie, ainsi que je l'ai dit, de jeunes gens Parisiens connaissant à fond les quartiers, les rues, les passages, fut d'un grand secours pour l'armée régulière. Ces jeunes gardes ont montré dans cette guerre des rues de Paris beaucoup de courage, d'intelligence et de ruse; je dirai même qu'ils mettaient une espèce de *gloriole* à découvrir et à débusquer les insurgés jusque dans leurs repaires les plus retirés.

Aussi le gouvernement provisoire leur en a adressé de chaudes félicitations. Cette formidable émeute, intelligemment organisée, il faut le reconnaître, fut tardivement mais énergiquement réprimée, et chacun sait que le pays s'est débarrassé des malheureux insurgés, la plupart égarés, trompés par ceux qui les excitaient et les dirigeaient, lesquels avaient bien soin de s'*éclipser*, comme toujours, au moment du danger. Le pays, dis-je, s'en est débarrassé en les envoyant aux colonies, en Algérie, où beaucoup restèrent comme colons; les autres furent victimes des émanations malsaines provenant des défrichements dans certaines contrées; quoi qu'il en soit, ils disparurent.

J'eus la bonne chance, à part quelques éclaboussures, de m'en tirer sain et sauf, mais bien fatigué, bien écœuré et, cela se conçoit, sous de bien pénibles impressions.

Quelques mois plus tard, le régiment partait pour Saint-Malo, puis pour Saint-Brieuc, et enfin pour Rennes.

Le bataillon auquel j'appartenais était commandé par M. G..., officier supérieur très distingué, très sévère, très en faveur, et qui m'avait pris en amitié. Il me confiait ses protégés pour les dresser surtout à la comptabilité militaire, et malgré tout le bien qu'il me voulait, lorsque ses *favoris* étaient à hauteur, il les faisait nommer fourriers, et moi je restais là.

J'ai oublié de dire qu'à mes six mois de service, jour pour jour, je fus orné de mes premiers galons, tout en continuant à être employé comme fonctionnaire fourrier. A chaque instant le commandant G... m'adressait des compliments et me faisait des promesses ! Ici se place un fait qui aurait pu avoir des conséquences graves et qui m'a cependant été très avantageux.

Las des fallacieuses promesses de mon puissant commandant et à la suite d'une promotion qui ne me concernait point, je résolus de lui écrire ce que je pensais. J'en fis la confidence à mon sergent-major et à mon fourrier, qui tressautèrent et me dirent : « Malheureux ! Ne faites pas une chose semblable ; vous allez vous faire casser et vous faire mettre en prison ! — Cela m'est égal, leur répondis-je. Tant pis ! j'aurai au moins la satisfaction de lui dire, à ce terrible commandant, ce que je pense de lui. » Et, en effet, je lui écrivis carrément, entre autres choses, que je l'avais cru homme d'honneur ; qu'un officier supérieur ne devait avoir qu'une parole ; que j'avais été trompé, etc., etc. Oh ! surprise, deux jours après, j'étais nommé caporal-fourrier dans le bataillon même de mon commandant G...!

J'étais alors en détachement à Saint-Brieuc. Orné de mes beaux galons de laine et d'argent, je rejoignis ma nouvelle compagnie, commandée par M. le capitaine Chagrin de Saint-Hilaire, que nous retrouverons plus tard. Le bataillon était sur le terrain de manœuvre de Rennes lorsque j'arrivai. Le commandant G... était à cheval ; dès qu'il m'aperçut, il piqua des deux et vint m'apostropher par ces mots textuels : « Ah ! vous voilà, bonne lame ! Eh bien, vous avez eu raison de m'écrire, je méritais cela. » Et sans me donner le temps de placer un mot me dit : « *J'ai eu des torts envers vous, mais je les réparerai.* Venez avec moi! » Il m'emmena auprès de mon capitaine et lui dit en me présentant : « Voilà un nouveau fourrier que je vous donne. Il est capable et sûr; confiez-lui complètement votre comptabilité, je ne veux plus que votre ignare de sergent-major s'en mêle. » « Et vous, dit-il en s'adressant à moi, *continuez à bien faire, j'aurai l'œil sur vous!* »

Le capitaine en fut tout ébahi. Il me crut parent du commandant, ou tout au moins chaudement recommandé.

Quelques mois après nous partions pour l'Algérie; le 11ᵉ léger était signalé comme républicain, — les sous-officiers, disait-on, fréquentaient les clubs, — et cependant rien n'était moins fondé; toujours est-il que le régiment reçut brusquement l'ordre de se rendre à Oran, d'abord de Rennes à Marseille, par la voie de terre.

Il devait voyager en trois colonnes, c'est-à-dire par bataillon isolé, avec défense à tous de *trop fraterniser* avec les populations. Les cafés nous étaient consignés, surtout dans la soirée, et, dès qu'un sous-officier était signalé, même soupçonné de s'être trouvé dans une réunion civile, il était expédié *illico* sur l'Algérie, escorté par les gendarmes ; cela sans enquête, sans le moindre jugement, rien ; il disparaissait, et on n'en entendait plus parler !

Cette manière de faire devait, comme on le pense bien, soulever beaucoup de bruit et de protestations sur notre passage. Aussi les invitations redoublèrent. Nous étions considérés comme des victimes du gouvernement et traités partout comme des frères malheureux !

CHAPITRE III.

Départ de Rennes pour Marseille. — Catastrophe du pont d'Angers.
— Départ pour l'Algérie.

Le 11ᵉ léger se trouvait dans ces conditions lors de son passage à Angers; il voyageait précédé et escorté de MM. les gendarmes, lorsque survint une catastrophe épouvantable, peu faite pour apaiser les esprits. C'était le 16 avril 1850.

Mon bataillon, le 3ᵉ, avec lequel marchait l'état-major, formait une colonne commandée par le lieutenant-colonel S..... (le colonel s'était rendu auprès d'un autre bataillon). Cette colonne devait arriver dans la matinée à Angers. Les fourriers, desquels je faisais partie, étaient selon l'habitude à l'avant-garde avec quelques hommes de corvée, pour aller chercher le pain à distribuer aux troupes et préparer le logement. Il faisait depuis le matin un temps exécrable; une pluie diluvienne avait traversé nos vêtements, cependant tout était prêt pour l'arrivée du bataillon. Vers onze heures, il fut signalé et, à quelques minutes de la ville, la colonne fut arrêtée. On rectifia vivement les irrégularités de la tenue, le lieutenant-colonel fit mettre la baïonnette au canon et donna l'ordre de reprendre la marche par demi-sections. Avant d'entrer en ville la colonne avait à traverser un pont en fil de fer d'une longueur de cent quarante mètres environ. Ce pont, placé sur la Maine, profonde de six à huit mètres à cet endroit, était très flexible, ballottait beaucoup et fut même l'objet de plaisanteries lorsque l'avant-garde le traversa. Il était orné à chaque bout de deux pilastres en pierre formant obélisques.

La tête du bataillon s'engagea sur le susdit pont, sans batterie ni sonnerie, et, lorsqu'elle fut arrivée à l'autre extrémité, c'est-à-dire lorsque presque toute la colonne se trouva sur le tablier, un épouvantable craquement se fit entendre : l'extrémité du tablier du côté de la ville venait de se rompre! L'élasticité fit plonger cette extrémité d'abord, puis le poids énorme des hommes et des chevaux bousculés fit casser et déverser complètement ledit tablier qui, par suite de ce mouvement, lança dans la rivière tous les malheureux soldats qui se trouvaient dessus.

Rien, non, rien ne peut donner une idée de cette effroyable catastrophe. Je le répète, les hommes avaient sac au dos, la baïonnette au bout du fusil. Ils furent jetés pêle-mêle, renversés les uns sur les autres, tombant d'une douzaine de mètres de hauteur et dans une vingtaine de pieds d'eau !

Pour comble de malheur, plusieurs des pilastres en pierre des extrémités du pont se brisèrent et tombèrent sur ces malheureux en les mutilant d'une façon horrible. Depuis le deuxième ou le troisième rang des musiciens jusqu'à l'avant-dernière demi-section des voltigeurs, c'est-à-dire des derniers du bataillon, tout tomba à l'eau !

La jument du lieutenant-colonel sauta dans la Maine au moment où le pont fléchissait, son cavalier restant dessus ; on les retira tous deux quelques instants après, contusionnés mais sains et saufs.

D'habitude les fourriers se portent à la rencontre de la colonne lorsque celle-ci entre en ville ; j'allais comme mes collègues m'engager sur ce maudit pont, lorsque cet atroce effondrement se produisit.

Je fus donc forcément témoin de l'événement. Il y aura bientôt quarante-cinq années que mes souvenirs conservent l'impression inénarrable que je ressentis en voyant mes pauvres camarades tomber par centaines dans le gouffre... et j'entends encore leurs cris désespérés...

J'ai vu, dans ma longue carrière, bien des événements de guerre, des catastrophes terribles, des magasins à poudre sauter, des sièges, des assauts, etc., mais jamais, non, jamais je n'ai vu un tableau aussi horrible, aussi navrant!

Dès le premier moment, ceux qui se trouvaient là, indemnes, s'ingénièrent à organiser le sauvetage. On sonna le tocsin en ville, on battit la générale. La garnison d'Angers accourut, et, en employant tous les moyens possibles, on retira les malheureuses victimes, que les habitants s'empressèrent de recevoir et de soigner.

Malheureusement, pour plus de *trois cents* d'entre elles les secours étaient inutiles! Je m'empresse de signaler ici le généreux et dévoué concours apporté par toute la population de la ville, ainsi que par les troupes de la garnison; les uns et les autres ont mérité les plus grands éloges en cette triste circonstance.

On retirait de cette sinistre rivière des grappes humaines de deux à plus de vingt cadavres, crispés, soudés les uns aux autres, d'aucuns n'ayant plus qu'une partie de la tête, d'autres perforés par les baïonnettes ou ayant, qui un bras, qui une jambe arrachés ou écrasés par la chute des pilastres, tous enfin mutilés et portant sur le visage les affres de cette mort terrible et imprévue.

Le bataillon perdit là sept officiers et à peu près trois cent quatre-vingts hommes de troupe; presque tous les autres étaient blessés ou contusionnés. Naturellement ceux qui échappèrent à cet affreux événement restèrent à Angers pour rendre les derniers devoirs à leurs camarades décédés, au fur et à mesure qu'ils étaient retirés du sinistre gouffre; huit jours après, cette opération n'était pas terminée. Un des derniers retrouvés fut le sous-lieutenant porte-drapeau C... Ce brave officier tenait encore au fond de l'eau le précieux emblème qui lui avait été confié!

J'ai vu un soldat, connu comme mauvaise tête, prévôt d'armes, etc., puni de prison avant le départ pour avoir découché, tomber à l'eau avec son capitaine qui l'avait puni et sauver ce dernier au péril de sa vie, car il était très difficile de se débarrasser des malheureux qui s'accrochaient à ceux qui se trouvaient à leur portée. Ce soldat accomplit là un véritable acte de dévouement dont il fut félicité par un ordre du régiment.

Cet acte répond à ceux qui prétendent que les soldats mécontents saisissent toutes les occasions favorables pour se venger de leurs chefs, qu'ils croient trop sévères ou injustes. Je citerai plus loin quelques faits de même nature.

A quelque distance, on vit aussi un musicien cantinier sauver sa femme en la tenant sous un bras et pousser de l'autre main la grosse caisse de musique qui surnageait. Ce musicien était de grande taille et tirait ainsi parti de ses longues jambes ; il aborda sans encombres et fut sauvé ainsi que sa femme, qui vit encore.

Cette sinistre catastrophe fut grossie encore, si la chose eût été possible, par la population, qui accusait le gouvernement d'avoir tendu ce piège au 11e léger, ce qui certes n'avait rien de fondé, attendu qu'un régiment de cavalerie avait traversé le pont de la Maine le matin de ce même jour. Un certain journaliste osa même accuser le colonel T... Or, je l'ai dit, le colonel était à Poitiers, avec le 1er bataillon. Ce journaliste dut subir une condamnation pour ce fait.

Non, le lieutenant-colonel S..., commandant la colonne, fut seul rendu responsable; il commit l'imprudence impardonnable de laisser traverser le pont par ses troupes, réunies en demi-sections, sans les espacer et surtout *sans rompre le pas*. Cela se fait depuis cette époque, mais alors il n'existait aucune prescription réglementant les précautions à prendre en pareil cas.

On a vu que le lieutenant-colonel S... avait failli payer de sa vie sa trop coupable négligence. Cet officier supérieur, très-aimé de tous au régiment, avait agi beaucoup par bonté d'âme. Je le dis encore, il faisait un temps atroce depuis le matin, la pluie tombait à gros bouillons, et les hommes étaient traversés. Il tardait au lieutenant-colonel de les envoyer dans leurs logements, et il crut bien faire d'accélérer leur arrivée en ville.

Je ne sais s'il y eut une punition de prononcée, mais quelques jours après, le lieutenant-colonel S... était mis d'office à la retraite et quittait le régiment.

Quelques semaines plus tard, les hommes échappés à cette douloureuse catastrophe, ainsi que les blessés et contusionnés rétablis, partirent pour Marseille, où les deux autres bataillons étaient arrivés, et, dès la réunion effectuée, on procéda à la reconstitution du 3ᵉ bataillon. Depuis cette époque, chaque année, le 11ᵉ léger (devenu 86ᵉ de ligne), à l'anniversaire du 16 avril 1850, faisait faire un service religieux en mémoire des victimes de cet inoubliable accident. Du moins cela eut lieu jusqu'en 1870, époque à laquelle j'ai quitté ce bon régiment.

A peine arrivé à Marseille, j'eus une bien sensible consolation. A vingt et un ans, on passe facilement d'une grande désolation à un grand plaisir.

J'étais de semaine comme caporal-fourrier, c'est-à-dire de service à la caserne pour l'établissement du rapport journalier, lorsque le conseil d'administration, colonel en tête, vint y tenir une séance au sujet du renvoi immédiat dans leurs foyers des hommes de différentes classes. Cette opération était assez délicate et compliquée.

Le colonel demanda un fourrier capable pour faire ce travail dans la nuit même. Je fus appelé et je me mis à la besogne. Le lendemain, au rapport, je présentai ledit travail au major et au colonel;

ils le trouvèrent splendide et surtout très régulier.

Séance tenante, le colonel me nomma sergent-fourrier, et dans les quarante-huit heures sergent-fourrier de carabiniers (grenadiers), ce qui ne s'était jamais vu; ce grade était fort envié par les jeunes fourriers et n'était habituellement donné qu'aux anciens. « Diable, disait-on partout, en voilà un qui va vite ! » Mais, ce qui augmenta encore l'étonnement et ma satisfaction, c'est que le nouveau lieutenant-colonel me prit comme secrétaire et fourrier d'ordres. Oh! alors le Grand Turc n'était pas mon cousin !

J'étais en bonne voie et je commençai à croire au proverbe..... qu'une de mes quatre-vingt-dix cartouches de réserve allait s'allonger dans ma giberne pour devenir le fameux bâton de maréchal de France. Hélas! j'avais encore bien des misères et des tribulations à supporter avant d'approcher, d'un peu près seulement, des étoiles du généralat!

Au mois d'octobre suivant, le régiment reçut l'ordre d'embarquer pour se rendre à Oran. Cette nouvelle fut reçue avec une grande joie par tous, officiers et troupe; aussi l'embarquement sur la frégate à voiles *le Vauban* eut lieu bien gaiement, par un temps splendide et sans le moindre incident. Les matelots étaient émerveillés et enchantés de pouvoir fraterniser avec ceux qui restaient du bataillon d'Angers.

Au premier repas pris à bord, tout le monde était gai, heureux et avait bon appétit ; on trouvait les *plats* courts, et tout souriait ! Vers le soir, les matelots, réunis sur le pont, se récréaient et chantaient en chœur des cantiques et autres chants vraiment charmants et d'un effet grandiose ; mais, un peu plus tard, le temps se couvrit, la mer devint mauvaise, et en même temps que le roulis et le tangage mettaient à l'épreuve nos pauvres guerriers de terre, un violent orage vint les faire rentrer dans l'entrepont, où dans ces moments de tourmente ce n'est pas précisément un lieu de délices.

La mer devint réellement mauvaise, et nous dansions à qui mieux mieux dans ce golfe de Lion, avec lequel nous faisions si triste connaissance. Tout devint bientôt très mélangé dans l'entrepont : les gradés, les musiciens, les tambours, les cantinières, les hommes de troupe, tout cela était pêle-mêle, sans égards pour le beau sexe, même militaire, geignant, se plaignant, rejetant *large-*

ment et *aveuglément* le malheureux dîner pris si gaiement quelques heures plus tôt. Ajoutons à ce tableau les craquements du bateau, le bouleversement qu'un fort roulis provoquait, l'air presque irrespirable de ce charmant séjour, et nous aurons une idée de cette *agréable* traversée.

Pour mon compte, j'en ris encore comme j'en riais alors avec les matelots, car je n'ai jamais été effrayé en mer, et surtout jamais été malade; pas la moindre indisposition, et un appétit remarquable! Mais j'eus à supporter un autre genre de tribulations. Marseille est une charmante ville et qui jouit d'un climat merveilleux; c'est, en un mot, un séjour ravissant; mais, en 1850, ses casernes, spécialement celle du Lazaret, étaient infectées de ces maudits insectes plats, nauséabonds, qui chaque nuit dévoraient en détail les soldats français qui les habitaient. Il y en avait partout, et encore ailleurs; ils envahissaient même l'équipement, spécialement les gibernes des soldats. Or, en montant à bord, chaque soldat avait dû jeter son équipement en tas dans un endroit désigné de l'entrepont.

D'un autre côté, le colonel T..., ancien Africain, avait fait confectionner, avant son départ de

France, deux ou trois sommiers splendides; ces sommiers furent placés sur le tas d'équipement, et j'eus la brillante idée de m'en servir pendant la nuit!

En effet, voulant me livrer au sommeil, je me glissai adroitement vers les fameux sommiers, j'en disposai un à ma guise et je m'endormis comme un brave bien portant.

Mais j'avais compté, non pas sans mon hôte, mais sans ceux du fallacieux sommier, lequel avait donné asile à des milliers de ces insectes marseillais signalés plus haut. Non, personne ne peut se faire une idée de cette *prise de corps!*

J'en étais inondé, complètement couvert, au point d'épouvanter un complaisant collègue de la marine qui vint à mon secours; ce compatissant fourrier m'emmena dans un coin favorable, m'aida à me *dépouiller,* et lorsque je fus dans la tenue d'Adam avant le péché, il resta pendant quelques secondes en admiration devant son collègue de terre; il ne pouvait me reconnaître pour un Français : j'étais littéralement tatoué et rouge comme un fantassin anglais! On secoua mes vêtements par-dessus bord, et jamais inspection de ma tenue ne fut aussi minutieuse, aussi complète. Je ne repris plus cette place.

Deux jours après cette fameuse nuit, nous débarquions à Mers-el-Kebir. Le port d'Oran ne permettait pas alors aux grands bâtiments d'y débarquer. Aussitôt l'opération terminée, on nous mit en route pour Oran, et nous parcourûmes les sept ou huit kilomètres qui séparent ces deux villes, en titubant plus ou moins comme des gens ivres; nous éprouvions encore les effets du roulis.

CHAPITRE IV.

Arrivée à Oran. — Ma première garde comme sergent. — Le camp des Moineaux. — Chasse au lion.

Oran est une gentille ville, placée sur des rochers très accidentés, qui dominent la mer et sont en grande partie agrémentés de nombreux palmiers, d'oliviers, en un mot de toute la flore de ces contrées. Du haut de la Kasba, le point de vue est magnifique; on voit, ou la pleine mer jusqu'à l'horizon, ou les montagnes de l'Atlas, le Djurdjura, le Djebel-Tossala et la Kabylie. Les sommets de presque tous ces massifs de pierre grise ou rougeâtre se rapprochent de la teinte brique, mais ils sont en partie couverts de neige en toutes saisons.

En 1850, Oran était déjà une garnison fort agréable, très animée, très gaie, ayant son théâtre et ses cafés... chantants. J'allais les qualifier, comme nous le faisions alors, mais je préfère en laisser le soin à ceux qui savent bien qu'on n'y rencontre *jamais,* comme artistes, les sommités de notre Académie de musique.

Je crois qu'il est bon de faire connaître au lecteur ce que sont nos zéphirs en Algérie. Nos zéphirs, ou plutôt nos bataillons d'infanterie légère d'Afrique, reçoivent les soldats ayant déjà subi *une* ou *plusieurs* condamnations; lorsqu'ils se conduisent à peu près bien, ils sont envoyés dans les régiments d'infanterie en garnison en Algérie, pour achever le temps de service qui leur reste à faire. Ce sont, habituellement, de bons soldats au feu, mais généralement *tant soit peu* indisciplinés. Il faut donc les tenir assez sévèrement et savoir les prendre : être sévère avec eux tant qu'on voudra, *mais rester juste!*

Dans les premiers jours de notre arrivée à Oran, je montai une garde comme sergent chef de poste. J'arrivai au corps de garde pour relever un sergent et dix hommes du bataillon d'Afrique. En entrant au poste, je fus pris à la gorge par une atroce odeur de chandelle ou de suif chauffé. J'en demandai la cause à mon collègue des zéphirs, qui me répondit : « Je sais ce que c'est. Voyez-vous, nous avons droit à quatre chandelles pour la nuit de garde ; eh bien, les hommes n'en brûlent qu'une et *mangent* les trois autres ! — Comment ! ils mangent les chandelles ? lui dis-je. — Mais oui ; ils font griller du pain sur le poêle et ils frottent ensuite la chandelle sur le pain ; ils trouvent cela très bon. Tenez, voici les mèches !... me répondit le sergent... Pouah ! »

Dans les camps, leur voisinage est assez ennuyeux, inquiétant même. En employant parfois des ruses baroques, ils mettent tout au pillage, et les comptables ont à surveiller de près les ustensiles de campement, les couvre-pieds et surtout les vivres.

Ils font argent de tout ce qu'ils trouvent, ils brocantent cela avec des Yodis (Juifs) qui suivent les colonnes et qui les connaissent bien. On m'a raconté qu'un zéphir, ayant vendu jusqu'à ses souliers, s'était présenté à une revue avec ses *pieds nus* mais *noircis,* sous ses guêtres de cuir.

Après quelques mois de séjour à Oran, je fus nommé sergent-major. J'avais alors trois ans de service, ce qui fut regardé par tous comme splendide et fit bien des jaloux.

Puis nous fûmes envoyés à Tlemcen, en passant par Aïn-Témouchent, où nous fîmes étape. En arrivant à ce village, nous nous occupions à dresser nos tentes plus ou moins *abris,* lorsqu'un camarade vit sur le flanc d'un petit mamelon boisé, très voisin de nous, un énorme animal qui semblait nous regarder et qui marchait à la rencontre d'un colon quelconque, lequel contournait aussi ledit mamelon; ce camarade fit remarquer la chose à quelques officiers, qui reconnurent dans l'animal une énorme panthère. Immédiatement ils s'armèrent de fusils et coururent de ce côté. Des soldats s'efforçaient par leurs cris et leurs gestes de faire comprendre au susdit colon le danger qu'il courait en marchant dans cette direction, mais le brave homme ne savait ce qu'on lui voulait et ne comprenait rien du tout.

Enfin, l'homme et l'animal se rapprochèrent tellement que les officiers armés n'osèrent pas tirer; il y avait danger pour le colon. Bref, la rencontre eut lieu aux yeux de tout le régiment, qui contemplait cette scène. L'homme s'approcha de l'énorme panthère et se mit, sans façon, à lui passer la main sur la tête, sur le cou, absolument comme s'il caressait un gros chien! Tout le monde resta ébahi. Quelques officiers demandèrent à l'homme s'ils pouvaient s'approcher. « Mais parfaitement, répondit-il. Cette panthère a été élevée et dressée par mon maître, riche propriétaire de ce domaine que vous apercevez d'ici, et on la laisse en liberté parce qu'elle est inoffensive et qu'elle n'a jamais commis aucun méfait. Vous pouvez venir, il n'y a rien à craindre. » C'est égal, la bête phénomène venait de l'échapper belle !

Arrivé à Tlemcen, le régiment s'installa dans la vaste caserne du Méchouar et fut chargé de la confection de plusieurs routes et voies de communication dans les environs.

Le général de Mac Mahon commandait alors la subdivision. Tlemcen était, à cette époque (1851), une vilaine ville, assez étendue mais peu peuplée et d'un aspect triste, délaissé. En effet, il n'y avait aucun lieu de plaisir, aucune récréation ; la population très mélangée, en grande partie de Maltais, d'Espagnols et d'anciens insurgés de Paris devenus libres, faisait assez mauvais ménage avec les indigènes, qui, dans cette contrée, n'étaient pas non plus ce qu'il y avait de mieux en Algérie. Il paraît que la formation du conseil municipal avait été *très, très laborieuse,* et que le maire lui-même ne pouvait être candidat au prix Montyon.

Quelques mois plus tard, le général de Mac Mahon organisa une colonne dont le 11ᵉ léger fit partie et l'emmena dans toute la région jusqu'à Nédroma et Lallah-Magrhinia, frontière du Maroc, afin de faire payer les impôts, que les indigènes de cette époque ne se décidaient à verser qu'après avoir fait parler la poudre.

Pour les décider, on coupait leurs arbres, oliviers, figuiers, etc., on saccageait leurs blés avant la maturité, en un mot, on les razziait.

Pendant ce temps, de loin, de fort loin souvent, ils nous tiraient dessus, nuit et jour, avec leurs longs moukalas à pierre, qui, heureusement, n'étaient ni justes ni bien dangereux. Je parle ici des Arabes de la plaine, qu'il ne faut pas confondre avec les Kabyles ou indigènes de la montagne, autrement outillés, fort braves, et qui furent si difficiles à soumettre, en admettant qu'ils le soient sincèrement aujourd'hui.

Je vais relater ici un fait que j'ai vu, de mes yeux vu, auquel j'ai participé et qui va peut-être faire croire à ceux qui liront ces lignes que tous nos compatriotes gascons ne sont pas en... Gascogne. Et cependant, je vais dire la vérité pure, je le jure sur la tête de mon premier brosseur !

Notre colonne était à peu près de quinze cents hommes, infanterie, cavalerie, spahis, artillerie, etc. ; eh bien, je dis que tout ce monde-là, un certain jour, après avoir manœuvré et saccagé une splendide plaine de blé déjà en épis, tout ce monde, dis-je, put manger des *omelettes* faites avec des *œufs de moineaux!* Se fait-on une idée de ce qu'il en fallut de ces œufs, *bons,* car on jeta les mauvais, les couvés! Il y avait près de nous un petit ruisseau, bordé de saules dont les branches étaient tellement surchargées de nids, qu'elles tombaient jusqu'à terre et qu'on ne pouvait indiquer l'espèce d'arbre qui les portait! Lorsque nos guerriers se mirent à dénicher tout cela, ils furent entourés d'une véritable nuée de ces *pierrots,* furieux et babillards. Chaque soldat apportait au camp tout ce que son képi pouvait contenir de ces charmants petits œufs, très fins à déguster, en omelette, bien entendu. Nos officiers, le général en tête, en rirent de bon cœur. Ce camp s'appelle encore aujourd'hui le *Camp des Moineaux.*

Je vais compléter ce que les mauvaises langues appelleront ma *gasconnade,* et qui cependant est de l'histoire, et de la vraie.

L'eau très vaseuse de ce ruisseau était presque insuffisante pour recouvrir la quantité de poissons, dont plusieurs étaient de la grosseur d'une carpe de plusieurs kilos; c'était absolument semblable à un réservoir à poissons! Nos soldats se retroussèrent, entrèrent résolument dans le susdit ruisseau, et avec leurs gamelles de campement jetèrent ces poissons sur la berge, où d'autres hommes s'en emparaient facilement; on peut juger de l'aubaine! On regorgeait de poissons; mais dans un camp isolé, comment les faire cuire et surtout les assaisonner? Personne n'était muni pour cela, pas même les cantinières!

Le soldat, né malin, pensa à sa graisse à fusil, et, en vidant la boîte de chacun, on fit bientôt des *frichtis* dans les marmites et les gamelles de campement. Toutefois, au milieu de cette joie militaire, il y eut une ombre au tableau. Ce poisson se ressentait trop vraiment de son séjour dans la vase, et, bien que *corrigé* par la cuisson avec d'aussi bonne graisse, il produisit des... *effets* qui provoquèrent l'intervention des médecins; ces messieurs purent ainsi conserver leur provision de purgatifs pour une meilleure occasion.

L'agglomération de moineaux et de poissons

s'explique facilement, puisque les Arabes ne chassent ni ne pêchent. Tous ceux qui connaissent l'Algérie de cette époque peuvent en témoigner.

A peine rentrés à Tlemcen, nous reprîmes notre installation au Méchouar et le travail des routes. C'était le moment du *Rhamadan* (carême des musulmans). Pendant le Rhamadan, les Arabes ne doivent ni manger ni boire *quoi que ce soit*, du lever au coucher du soleil, et ils observent strictement cette prescription du Koran.

Je vis un certain soir un de ces indigènes qui, mourant de soif, attendait impatiemment le coup de canon annonçant le coucher du soleil pour calmer sa soif. Il tenait en main une espèce de seau rempli d'eau, ses lèvres touchaient déjà ce vase, car il regardait l'artilleur qui devait donner le signal; ce dernier avait chargé sa pièce de canon, l'avait amorcée et, à l'heure précise, il tira le boute-feu. Mais, hélas! la capsule-amorce rata. Eh bien, l'Arabe reposa à terre son vase qu'il touchait déjà des lèvres, ainsi que je l'ai dit, et ne but pas.

Il attendit que l'artilleur changeât l'amorce-étoupille et recommençât l'opération, qui aboutit cette fois; l'indigène put enfin se donner satisfaction en absorbant plus d'un litre d'eau !

Un peu plus tard, trois compagnies, dont la mienne, furent désignées pour aller tenir garnison à Sebdou, redoute isolée construite à deux pas du Maroc, au milieu de vastes et merveilleuses forêts; cette redoute servait en ce temps-là de magasins de vivres, biscuit, riz, sucre et café, bois et fourrages nécessaires au ravitaillement des colonnes de passage.

Là notre vie était assez monotone : à part les officiers de ces compagnies, un officier commandant la redoute, un officier comptable et un médecin, il n'y avait qu'*un seul habitant* civil, tenant la cantine et servant de gardien-portier chargé du bois de ravitaillement. Eh bien, cet unique industriel avait trouvé le moyen d'installer *un billard* dans son établissement !

La forêt regorgeait de gibier : lièvres, lapins, perdrix, ramiers, poules de Carthage, etc.; aussi chassions-nous beaucoup, mais avec nos pauvres fusils de munition, et Dieu sait ce qu'ils valaient ! Dans ce pays, en raison des fauves qu'on y rencontrait fréquemment, les perdrix et autres volatiles se perchaient; elles étaient donc plus faciles à tirer qu'en France. Nous trouvions également considérablement de tortues, dans cette forêt; nous en faisions d'excellents fricots ou salmis qui ne le cédaient en rien à ceux confectionnés avec des jeunes poulets de grain.

Cette viande est très difficile à extraire; il faut scier la partie plate de la carapace pour la séparer de l'autre. On peut alors prendre la viande de l'animal, mais par morceaux garnis de petits os. A Sebdou, j'ai pu assister, prendre part plutôt, à une chasse au lion assez émouvante.

Les Arabes des environs ayant reçu la visite d'un superbe sba (lion) qui dans la nuit était venu souper gratuitement d'une de leurs chèvres, vinrent aussitôt, selon l'habitude, prévenir les officiers du bureau arabe. Le commandant supérieur de la redoute, les autres officiers à cheval et quinze hommes de troupe à pied, sous ma direction, partirent immédiatement, les armes chargées, bien entendu, dans la direction indiquée par les Arabes volés. Il est bon de dire que le roi du désert, après un bon repas, chemine habituellement pendant deux heures, s'arrête, se couche et fait la sieste.

A quelques kilomètres de la redoute, nous commençâmes à ralentir notre marche; je déployai mes hommes et les espaçai par groupes de trois d'une vingtaine de pas. Les officiers, ainsi qu'un brigadier de spahis nommé Lajonquière, s'espacèrent de même; les trois Arabes, munis seulement, selon leur habitude, de leurs matraques (gros bâtons), marchèrent l'un avec le commandant, les autres près de moi.

A un certain moment le brigadier Lajonquière remarqua que son cheval pointait et commençait à trembler; il nous avertit de redoubler d'attention et de prudence. En effet, arrivés au milieu de plusieurs bouquets de lentisques, le cheval susdit, qui dépassait un de ces buissons, frissonna et fit un grand écart. En même temps le brigadier sentit arriver en croupe une masse énorme qui fit fléchir sa monture en l'accroupissant; il sentit également des griffes puissantes le tirant à terre.

Le lion venait, en effet, de s'élancer sur ce cavalier par un bond prodigieux, mais heureusement, ainsi que je viens de le dire, le cheval fléchit, le fauve glissa et roula à terre, emportant avec ses griffes une partie des vêtements et un peu de la peau du brave Lajonquière, qui enfonça ses éperons dans le ventre de son cheval, ce qui le fit relever et bondir à quelques mètres. Tout cela fut prompt comme l'éclair, et comme deux ou trois groupes de mes hommes n'étaient qu'à quelques pas de cette scène et prêts à tirer, ils envoyèrent au lion leur première décharge qui fut suivie de près par celle des officiers.

Le fauve, qui cependant avait reçu deux ou trois balles dans la tête et quatre ou cinq dans ou sur le corps, essaya de se relever, menaçant, rugissant, mais ceux des hommes qui avaient encore l'arme chargée vinrent achever ce vaincu, tombé sur le champ de bataille.

Beaucoup de nos balles avaient à peine traversé la peau ; toutefois, la majestueuse bête avait la tête et deux pattes cassées. Avec de jeunes arbres on forma un brancard, et nous emportâmes notre lion à la redoute.

Tous nous éprouvâmes là une émotion bien naturelle, après tout ; pour mon compte, je ne l'oublierai jamais, d'autant moins que j'étais assez rapproché du brigadier et que j'ai vu de très près ce que je viens de raconter !

Après le tragique, le comique. Lorsque les Arabes virent leur ennemi à terre, impuissant, fini, ce fut à qui des trois lui lancerait les plus grosses injures, les plus vives insultes, et cela en frappant du poing sur la bête, qui, hélas! endurait tout cela sans se plaindre.

La dépouille fut offerte au commandant supérieur, mais la chair, la viande, fut partagée entre toute la garnison. Ai-je besoin d'indiquer où allèrent les morceaux de choix?

La chair du lion n'a rien de remarquable; quelques biftecks ne sont pas à dédaigner, étant bien accommodés, mais généralement cette viande ferme, dure même et noirâtre, sent trop le sauvage. Il en est de même de la panthère, dont la viande est cependant plus longue et plus tendre, mais qui a une odeur repoussante. Je ne peux à ce sujet résister à la tentation de raconter une scène de cantine.

Un jour, une de nos cantinières servit à notre table de sergents-majors un plat de viande dont l'odeur était repoussante. Nous nous montâmes la tête et, avant la moindre explication, un des plus *grincheux* d'entre nous ouvrit la fenêtre et jeta dans la cour le plat en question. Puis on fit venir la cantinière. « Vous... moquez-vous de nous, madame, de nous donner de la viande pourrie... qui empoisonne, etc., etc.? — Comment, messieurs! mais je croyais au contraire vous être agréable... C'est de la panthère qu'on m'a envoyée du quartier général! — De la panthère, et vous ne le disiez pas? Ah! sapristi... »

Et le *grincheux* voulait aller ramasser le plat en question... Heureusement, il y en avait encore chez notre bonne cantinière, et alors ce fut à qui en mangerait le plus. Mais cette viande sentait bien mauvais!

J'eus plusieurs fois aussi l'occasion de goûter à la chair de couleuvre : un jour, étant au travail dans les gorges de la Chiffa, un ex-zéphir vint chercher une hachette d'escouade et un camarade muni d'une pioche. « Je viens de voir une belle couleuvre; viens un peu m'aider! dit-il à son camarade. Tiens, pioche là jusqu'à ce que tu voies la couleuvre; je me charge du reste. »

Le camarade piocha et arriva en effet à apercevoir le reptile. Le zéphir empoigna la couleuvre de la main gauche, la tira au dehors du trou, lui trancha la tête d'un coup de hachette, et dix minutes après la bête, dépouillée de sa peau, rôtissait dans un couvercle de marmite avec quelques gouttes d'huile.

J'ai goûté de cette anguille de haie, comme l'appellent nos troupiers; c'était réellement *excellent* et très *appétissant*. La chair est excessivement blanche et tendre.

Aujourd'hui Sebdou, m'a-t-on affirmé, est un joli village, pourvu abondamment d'une excellente eau, claire et limpide. Son petit cimetière était déjà autrefois entièrement rempli de croix noires, toutes, hélas! avec inscriptions françaises indiquant les noms des victimes assassinées par les Arabes. En 1851, on ne pouvait encore sortir de la redoute qu'en nombre et bien armés.

Au commencement de 1852, le régiment partit de Tlemcen pour Milianah. Le détachement de Sebdou le prit au passage. A cette occasion nous fûmes reçus à dîner par nos camarades, et ce fut à cette petite réception qu'un de nos sergents-majors nous amusa beaucoup avec son soldat ordonnance, *Marseillais pur sang,* qui se donnait pour un malin *de la Canebière*. Le fait suivant *justifiera cette prétention*.

J'ai dit que les tortues pullulaient dans la forêt de Sebdou; à chaque occasion, j'en expédiais aux camarades; le sergent-major en question en conserva une très grosse qui se promenait en liberté dans sa chambre; le soldat marseillais nommé

Marius en prenait soin. A notre passage à Tlemcem, on fit un plat de cette tortue avec quelques autres, et le sergent-major, voulant conserver la carapace intacte de la sienne, fit extraire la bête sans scier ni détériorer l'enveloppe de la tortue, cela à l'insu du fameux Marius. On plaça alors cette carapace *vide* dans un coin de la chambre, de sorte que le soir, après notre dîner, le sergent-major appela son soldat et lui demanda à voir la tortue.

Celui-ci prit la carapace en question et poussa un cri de surprise : « Eh bé ! mazor, la tortue... elle est partie ! — Comment, elle est partie !... — Mais oui, mazor ; tenez, voyez ! dit Marius. — Ah ! sapristi, répondit le sergent-major. Tu n'as donc pas veillé sur elle ? Tu as laissé la porte ouverte ; il faut me retrouver ma tortue. Allons, cherche-la ! »

Marius se mit gravement à regarder sous les tables, derrière les caisses, partout enfin, et finit par découvrir un trou de souris probablement dans un des coins de la chambre ; alors, tout content, il nous dit : « Ah ! ze vois ; la tortue, elle s'est sauvée par là (en nous montrant le trou). Ze vais la reprendre ! » Il mit alors très sérieusement la carapace près du trou découvert et dit : « Comme ça, la tortue, quand elle rentrera, ze la repincerai ! » Le pauvre diable de Martigau... attend peut-être encore sa tortue !

On profitait alors des changements de garnison pour montrer nos forces aux tribus, imparfaitement soumises, et percevoir les impôts ; c'est ainsi que le 11ᵉ léger fit ce long trajet de plus de *trente* jours de marche, en passant par les montagnes des hauts plateaux, en ravitaillant seulement aux redoutes de Daïa, Saïda, Tiaret et Téniet-el-Haad.

C'était réellement très dur, très pénible, et je me demande parfois comment j'ai pu y résister. Que l'on se figure nos pauvres fantassins partant de Tlemcem, ou d'une de ces redoutes, avec *douze* ou *quinze* jours de vivres de réserve, de sac ou d'ordinaire, c'est-à-dire avec biscuits, sel, sucre et café, riz, lard, etc. ; joignez à cela un vêtement de rechange, veste ou capote, le linge, la chaussure, quatre-vingt-dix cartouches à balle, la tente-abri avec ses bâtons, piquets, cordes et bien souvent, toujours même, une peau de mouton roulée, qui doit la nuit faire l'office de matelas ; elle préserve au moins les reins du contact avec le sol. Faites donc des marches d'une dizaine de lieues dans la montagne, et souvent la nuit, avec une charge semblable, et vous apprécierez les misères endurées par nos anciens Africains, couchant par tous les temps sur n'importe quel sol, trop souvent sans autres aliments que leur dur biscuit, qui à cette époque était très inférieur à celui d'aujourd'hui.

Les sous-officiers comptables étaient gratifiés en outre d'un ou deux très gros livres de comptabibilité de compagnie. J'ai fréquemment vu deux troupiers placer avec peine le sac sur le dos d'un troisième ! Ajoutez le fusil et le fourniment, et vous aurez une idée de ce que peut être une marche par trente ou trente-cinq degrés de chaleur, parfois plus.

Milianah était, en 1852, une charmante petite ville, bien située, très gaie, très souriante, avec ses beaux jardins, ses grands arbres et ses jolis ruisseaux d'eau vive qui coulaient de chaque côté de sa principale rue jusqu'à la place où était l'hôtel de la subdivision.

La caserne était également très vaste et très belle. Le cercle de MM. les officiers méritait la réputation d'être un des plus beaux et des plus agréables de l'Algérie. En un mot, Milianah ne ressemblait en rien à Tlemcen, que le régiment venait de quitter. La population, même arabe, était aussi bien meilleure.

CAPITRE V.

Prise de Laghouat. — Alger. — Courses et grande fantasia arabes. — Expédition en Kabylie.

Au mois de novembre, le gouverneur général maréchal Randon organisa une expédition qui devait opérer dans le Sud. Le général Pélissier, qui commandait à Oran, devait à cet effet amener une colonne et attendre avec la susdite celle du maréchal à Djelfa (le 11e léger faisait partie de cette dernière), afin d'agir de concert du côté de Laghouat (tribus encore insoumises).

Que se passa-t-il? Un beau jour, nous apprîmes que Laghouat, ville à peu près fortifiée, était prise par la colonne Pélissier, presque sans coup férir! Nous revînmes sur nos pas, et le régiment fut arrêté pendant quelque temps à Boghar et de là dirigé sur le camp de Dra-el-Mizan (province d'Alger). Je dois dire qu'en dehors de ces excursions le régiment était employé, ainsi que les autres troupes d'Algérie, à la confection des routes et autres voies de communication, forage des puits, etc. Par suite, il était presque toujours fractionné et campé; c'est ainsi qu'il m'est arrivé de rester parfois *dix mois sur douze* sans coucher dans un lit! Ce qui faisait mon désespoir était de ne pouvoir m'isoler suffisamment du sol et d'être ainsi exposé au contact d'une multitude de reptiles, tels que scorpions, mille-pattes, couleuvres et autres vilaines bêtes. Il arrivait fréquemment à ceux qui se déchaussaient ou quittaient leur capote, pour s'étendre sous la petite tente, de trouver un scorpion blotti dans le fond du soulier ou dans la manche de la capote. Il y en avait tellement dans un certain endroit, près de Teniet-el-Haad, que ce nom est resté au camp (camp des Scorpions). Il y en avait sous chaque pierre. Heureusement que ce vilain animal n'est pas venimeux comme celui de France; il pique lorsqu'il est contrarié, mais la blessure, quoique douloureuse, est facilement guérie avec un peu d'alcali.

Voici comment nous nous vengions de cet ennemi : on entourait le scorpion de charbons ardents; alors, ne pouvant franchir ce cercle de feu, cette mauvaise bête se suicidait en se piquant derrière la tête avec son dard, placé à l'extrémité de sa queue, et elle mourait instantanément.

Le 24 juin 1853, nos hommes étaient au travail lorsque, vers dix heures du matin, mon bataillon reçut l'ordre de lever le camp et de partir immédiatement; nous devions accompagner le gouverneur jusqu'à Alger. Deux heures après, nous étions en route, et, par une chaleur atroce, nous fîmes trente-cinq ou trente-six kilomètres avant d'arriver à l'étape.

Ce bataillon, mal commandé, marcha tant soit peu à la débandade et par groupes, les hommes étant exténués par la fatigue et la chaleur; aussi n'étions-nous qu'une dizaine lors de l'arrivée de la tête de colonne; pour mon compte, je n'en pouvais plus! Le commandant, vieux marquis ou baron de l'antique noblesse, était autant capable de commander une troupe qu'un cul-de-jatte pour enseigner la natation. Il piquait des deux jusqu'à un bon abri d'ombrage, se reposait, puis repartait sans plus s'occuper de son bataillon que s'il ne le connaissait pas.

De cette façon, chacun en prit à son aise, et, à minuit, il arrivait encore des groupes; heureusement que les tribus voisines étaient à peu près amies et sûres ; elles n'inquiétèrent personne.

Le lendemain nous repartîmes en meilleur ordre et, dès quatre heures du matin, nous fîmes étape au Fondouck ; le surlendemain, nous arrivâmes à Alger. Je connaissais déjà cette ville splendide pour y avoir passé trois jours en remplissant une mission d'Oran à Alger comme fourrier. Je ne m'attacherai pas à décrire cette belle et antique cité, peut-être seule dans son genre ; d'autres en ont fait l'éloge et la description mieux que je ne saurais le faire. Je ne puis cependant passer sous silence l'impression profonde que je ressentis dès la première fois que je l'aperçus depuis la mer : le coup d'œil est vraiment ravissant ! Toute la vieille ville, avec ses maisons blanches à terrasses, apparaît en amphithéâtre, ayant son imposante kasba en couronnement. En bas, la ville moderne, ses beaux monuments français, le bel hôtel du gouverneur, la place du Gouvernement, dont je reparlerai plus loin, ornée de la statue équestre du duc d'Orléans, si je me souviens bien ; quelques mosquées, des minarets enfin, de splendides arbres et jardins forment une terrasse grandiose au premier plan, terrasse élevée au moins d'une cinquantaine de mètres et par cela dominant le port et permettant de contempler la mer jusqu'à l'horizon.

Quel beau séjour que celui d'Alger! Quelle douce et agréable température le matin et le soir, et presque toujours la même! De dix heures du matin jusqu'à trois heures du soir, l'été, la chaleur est forte comme dans toute l'Algérie, mais à Alger, elle est toujours tempérée par la brise de mer; et comme on trouve facilement de l'ombre dans la vieille ville, qui n'a pour ainsi dire pas de rues, — ce ne sont que de simples ruelles grimpantes, à escaliers espacés qui servent de passage aux piétons; dans beaucoup de celles-ci même le *chems* (soleil) n'y apparaît jamais; les voisins d'en face peuvent presque dans toutes se presser la main de terrasse à terrasse, — il est, dis-je, facile de se garer de la chaleur.

Rien n'est plus agréable, à mon avis, qu'un concert militaire vers sept ou huit heures du soir, sur la place du Gouvernement. C'est merveilleux de coup d'œil et de bien-être. On y rencontre des gens de tous pays et de tous costumes. C'est là aussi que les belles Juives ou Mauresques demi-mondaines viennent se faire admirer, bien qu'elles ne livrent habituellement à la vue du public qu'une paire d'yeux incandescents et une désinvolture que d'aucuns *trouvent irrésistibles*. Les environs d'Alger sont également très beaux, très attrayants, et, dès 1853, on y voyait déjà beaucoup de belles maisons de plaisance, des châteaux et des villas. N'est-il pas superflu d'ajouter que, comme sergent-major, fonctionnaire adjudant, je m'y trouvais très heureux et bien satisfait?

J'ai vu bien des courses en France et ailleurs, mais je n'en ai jamais vu d'aussi belles, d'aussi brillantes, ni d'aussi intéressantes que celles d'Alger.

Non seulement les chevaux de toutes catégories et de toutes les contrées de l'Algérie y luttaient comme partout de vitesse et d'entrain, mais l'attention du spectateur était spécialement attirée par l'allure des chevaux et par l'attitude et l'aptitude des cavaliers ou jockeys, lesquels, vêtus selon leur nationalité et leur richesse, excitaient l'étonnement et parfois les rires du public, suivant le genre de course. Tantôt, c'était le steeple-chase avec ces chevaux si vifs, si fringants et si fins, que les tribus du sud de l'Algérie procuraient à cette époque aux personnages marquants et aux éleveurs indigènes.

Qu'ils étaient beaux ces coursiers à l'air si

éveillé, aux membres si nerveux et cependant si sûrs! Il fallait les voir avec leurs crinières soyeuses flottant au vent et leurs queues balayant le sol! Ils étaient vraiment superbes, lorsque, lancés à leur galop favori, échevelés, ils franchissaient les obstacles avec une légèreté, une grâce et une souplesse qui faisaient l'admiration de tous.

Aussi élégant et intelligent que sobre, on comprend aisément que le cheval arabe inspire à son maître un grand attachement. Aussi ce dernier supporte-t-il de grandes privations au besoin pour s'acheter et se procurer au plus tôt un ou plusieurs chevaux. La grande richesse du plus pauvre consiste en un cheval, un fusil (moukala) et une moukaire (femme).

Tantôt encore, c'était une course de juments, trottant l'amble, allure assez rapide mais drolatique qui donne presque toujours au cavalier l'air d'être un personnage en bois non articulé.

Enfin, une course à bourriques (ânesses) ou bourriquets (petits ânes), très communs en Algérie, où ils rendent de grands services aux Arabes, aux Maltais mercantis et aux Juifs. Beaucoup de ces pauvres animaux, souffre-douleur généralement de leurs propriétaires, sont montés dans ces courses par de jeunes nègres en costumes baroques et souvent comiques. Ils font avec cela des contorsions de singe qui provoquent naturellement la gaieté des spectateurs; mais plus ils sont applaudis, plus leurs pauvres bêtes en pâtissent, car l'émulation des cavaliers se traduit toujours par des coups de matraque ou de bâton aiguisé en pointe, qui, portés toujours au même endroit, finissent par trouer non seulement la peau de l'animal, mais la chair! Cependant le merveilleux attrait, ainsi que l'irrésistible admiration sont réservés pour la fantasia arabe.

Celui qui n'a pas vu une véritable fantasia arabe, qui n'y a pas assisté, ne peut réellement se faire une idée exacte de la splendeur de cette fête, qui laisse bien loin derrière elle nos carrousels et autres exercices d'équitation.

Une grande émulation existe entre les tribus d'Algérie en ce qui concerne l'élevage du cheval et les exercices d'agilité, de souplesse et d'adresse qui peuvent être exécutés à cheval, spécialement dans le maniement du fusil.

Du reste, dès sa plus tendre enfance, c'est-à-dire dès qu'il commence à marcher seul, l'enfant arabe est exercé à se tenir sur un cheval. Bien souvent j'ai vu placer un *moutatiou* (enfant arabe), nu comme un ver, sur un cheval également nu, et exécuter une promenade à allure plus ou moins vive, selon l'âge du bambin, mais toujours progressive et devant donner promptement à l'élève la confiance et l'aplomb indispensables au cavalier.

Tout le monde sait que le grand plaisir de l'Arabe consiste à faire *parler la poudre*. Aussi les enfants sont de même exercés, dès que la chose est possible, au maniement du fusil, ainsi qu'au tir. L'Arabe devient donc généralement bon tireur; mais, où il excelle, où il déploie sa plus grande adresse, c'est à cheval, c'est à la fantasia.

Voyez ce peloton d'une quarantaine de cavaliers précédés de leurs chefs de tribu, caïds, aghas, spahis, etc., tous alignés et recouverts de leurs burnous d'un rouge écarlate éclatant ou d'une blancheur de neige. Ils s'avancent d'abord au pas, puis ils prennent le trot allongé, le galop de chasse et enfin le galop de charge.

Ils s'écartent, s'espacent les uns des autres et, se tenant debout sur leurs larges étriers, ils lancent en avant et à une hauteur étonnante leurs longs *moukalas,* qu'ils rattrapent, tirent et chargent pour recommencer plus loin en poussant des cris de fauves sans ralentir en rien leur vitesse.

Les burnous flottent alors au vent et laissent entrevoir les costumes étincelants de broderies d'or, d'argent et de paillettes sur des étoffes de brocart et de soieries éclatantes d'une richesse inouïe dont sont recouverts ces cavaliers, suivant leur rang ou leur grade.

Le coup d'œil est vraiment splendide. C'est à qui aussi, parmi les riches, aghas ou autres chefs, aura le harnachement le plus orné, le plus rutilant et qui fera le plus d'effet. On est également porté à croire que le cheval comprend, de son côté, qu'il doit faire honneur au rang de son cavalier, car il semble redoubler d'élégance, de souplesse, de gracieuseté, suivant la richesse de son harnachement et de sa place particulière.

D'autres pelotons succèdent au premier en variant les exercices, et la fantasia se termine ordinairement par un galop de charge exécuté de front par tous ces cavaliers réunis qui s'arrêtent court, avec beaucoup d'ensemble, à quelques pas du personnage qui préside et qu'ils saluent d'une décharge générale. C'est tout bonnement merveilleux.

Ainsi que je l'ai dit, nous étions très heureux à

Alger, mais le gouverneur général Randon ne nous laissa pas savourer bien longtemps ce bonheur, et, vers le mois d'août, nous partîmes pour Sétif (province de Constantine), où on organisa une expédition dans le but d'achever la soumission des Babors ou petite Kabylie. Le général de Mac Mahon devait, de son côté, s'embarquer avec six ou sept mille hommes et, en débarquant à Bougie, coopérer au mouvement de notre colonne partant de Sétif.

Cette expédition fut rapidement exécutée, parfaitement dirigée, et elle permit d'obtenir le résultat désiré. Selon l'habitude, pour chaque tribu et chaque village, il fallut combattre, faire parler la poudre. Le matin, nous partions dans les montagnes, laissant au camp nos malingres, les *impedimenta* et une garde suffisante.

Nous pourchassions les tribus rebelles; on coupait leurs arbres, on faisait sauter les maisons, les mosquées, et lorsqu'on avait réussi à se tuer et se blesser mutuellement quelques hommes, les Kabyles nous reconduisaient au camp à coups de fusil et venaient ensuite, le lendemain ou le surlendemain, demander l'aman.

Mais ici nous n'avions plus affaire aux Bédouins

ou Arabes de la plaine, tribus nomades, aujourd'hui ici, demain ailleurs, peuple sale, dégoûtant, traître, menteur et souvent voleur.

Il n'en était pas de même avec les Kabyles, gens civilisés, qui se réunissent, construisent des maisons, des églises (mosquées), des écoles et perchent leurs villages au sommet des montagnes ou des pics les plus inaccessibles, qu'ils défendent vaillamment et intelligemment en créant des embuscades, des murs d'enceinte. C'est une race industrielle qui excelle dans la fabrication des armes blanches et de certaines étoffes, qui a ses chefs de tribu, sa justice, et qui défend ses foyers avec un grand courage et une ténacité remarquables.

Généralement, les cases, gourbis ou maisons kabyles n'ont que le rez-de-chaussée et se résument presque toujours en une grande pièce qui sert à tout, même à abriter le bétail, les poules, les chiens et souvent d'autres animaux. Les gens se placent dans les coins, contre les murs, assis les jambes croisées sous eux, en tailleurs, sur de simples nattes.

Les chevaux, ânes et mulets, sont toujours au piquet, dans l'enceinte du douar ou de la tribu.

Les Kabyles sont donc plus civilisés que les Arabes de la plaine, et, dans plusieurs de leurs villages, nous avons rencontré des déserteurs, plus ou moins Français, sortant sans doute de notre légion étrangère et qui nous ont fort surpris pendant nos attaques ou nos combats, en répétant nos sonneries et nos commandements en français.

Ils sont aussi plus braves, plus courageux que les Bédouins. Les Kabyles défendent leur sol pied à pied, et, lorsqu'ils voient qu'ils seront forcés de céder, ils se laissent poursuivre, entraînent leurs adversaires très loin, le plus possible, afin de les fatiguer et pouvoir à la fin de la journée tirer bon parti de cette fatigue et aussi de la nuit. Ils savent bien qu'il faudra retourner au camp le soir, et c'est dans cette retraite qu'ils font le plus de mal. Malheur aux blessés qu'on ne peut enlever! Ils les décapitent, ainsi du reste que les cadavres des tués, parce qu'ils croient que tant que la tête d'un être quelconque reste sur ses épaules, il ne doit pas être mort.

C'est pour cela aussi qu'ils laissent croître sur le sommet de leur tête une mèche de cheveux à laquelle ils attachent une grande importance. C'est leur mahomet; ils espèrent à leur mort être emportés par leur grand Prophète, dans son paradis, au moyen de ce *chignon* plus ou moins sale et mal entretenu.

Chaque Kabyle, en outre de son moukala (long fusil), possède un couteau et un flissas, espèce de sabre bien affilé et orné de grossière sculpture, mais souvent très bien damasquiné.

Ces flissas sont en acier forgé, très solides, et deviennent des armes assez dangereuses. D'autres s'arment d'énormes *yatagans* et de grossiers pistolets qu'ils viennent décharger sur quelque soldat français, au passage d'une colonne, spécialement sur un soldat du train ou sur le mulet qu'il conduit, lequel est chargé de bagages ou de vivres.

Ceci a lieu assez fréquemment au défilé d'une colonne, auprès d'un ravin profond; l'Arabe s'embusque, enveloppé dans son burnous couleur de terre et de pierre, le capuchon sur la tête, et attend le moment favorable. Lorsqu'il a choisi sa victime, il décharge son pistolet et, en s'enveloppant le plus possible, il se laisse rouler jusqu'en bas et disparaît; tant mieux pour l'Arabe si la bête roule avec son chargement dans le ravin. Il sait bien que la colonne ne s'arrêtera pas pour cela, car il pourrait lui en coûter cher d'aller reprendre l'animal ou le chargement; une embuscade est certainement dressée dans les environs.

Ceux qui se trouvent à proximité tirent bien des coups de fusil sur le satané Arabe, mais il est fort rare de l'atteindre, car il roule avec une vitesse vertigineuse, et comme il choisit pour faire son coup le crépuscule ou un temps sombre, il est très difficile de le distinguer, et il disparaît très vite.

A la fin de cette expédition, j'eus l'occasion de visiter Djidjelli, petite ville sur le bord de la mer et qui offre de nombreuses traces de bouleversement, ayant été atteinte, en très peu de temps, par plusieurs tremblements de terre.

Nous rentrâmes à Alger par les Beni-Mansour et les Isser. Le régiment continua les travaux de route, spécialement d'Alger à Blidah, les Eaux-Chaudes, Beni-M'red et dans toute cette contrée.

Vers le mois d'avril 1854, le maréchal gouverneur, rêvant sans doute d'exécuter ce que ses prédécesseurs n'osèrent pas tenter sans disposer d'une quarantaine de mille hommes, voulut, lui, le faire avec moins de quinze mille. Il s'agissait de la Grande Kabylie, vierge encore de la présence de nos troupes. Il donna les ordres nécessaires pour concentrer cet effectif dans les environs de Tizi-Ouzou et prit ses dispositions pour aller attaquer ces aigles ennemis jusque dans leurs repaires du Djebel-Djudjura. Mais tous ceux qui connaissaient la Grande Kabylie, et ils étaient rares, prévoyaient une défaite. L'événement leur donna raison.

Nous partîmes de Tizi-Ouzou en suivant le lit du ruisseau le Sebaou, entre deux chaînes de montagnes. Ce ruisseau est à fond de sable, et Dieu sait combien de fois il nous fallut vider nos godillots afin de retirer le sable qui s'y était introduit.

Arrivés au pied du Djudjura, le gouverneur fit installer un camp de dépôt où nous laissâmes tous les non-combattants, les malingres et *impedimenta*. Il fit ensuite répandre le bruit, dans les tribus que nous allions essayer de soumettre, que nous devions les attaquer *par le nord*.

Dès que toutes les dispositions furent prises, le lendemain dès *deux heures* du matin, deux colonnes d'attaque grimpèrent, *c'est le mot,* par des sentiers de chèvre, au *midi* de la montagne, bien entendu, jusqu'au sommet, c'est-à-dire au seb des *Beni-Yaya*.

Les hommes se tendirent la main ou le fusil en s'entr'aidant pour opérer cette véritable escalade; les mulets, portant sur leur dos les pièces d'artillerie de montagne, furent de même hissés jusqu'à la crête, tirés et poussés par les artilleurs et autres hommes. Nous nous demandions vraiment où nous pouvions bien aller ainsi. Enfin, après deux heures et demie ou trois heures de cette ascension, nous nous trouvâmes dominer presque tous les environs et disposés avantageusement pour le combat. Mais les Kabyles avaient été bien trompés; ils étaient tombés dans le piège et s'étaient portés vers le nord.

C'était très bien, et le maréchal dut être satisfait. Sa joie fut de courte durée, car nos adversaires, se voyant joués, prirent une autre tactique. Ils résolurent, en faisant appel aux nombreuses tribus de cet énorme massif, de nous investir.

Chaque jour nous continuâmes notre système d'intimidation en rasant les arbres, les maisons et les mosquées; mais les Kabyles, tout en se laissant poursuivre chaque fois que nous allions de l'avant, manœuvre dont j'ai déjà parlé, plaçaient de nombreuses embuscades sous nos pas, embuscades qu'il fallait enlever au prix parfois de beaucoup de tués et de blessés, puis ils se retrouvaient toujours à nos trousses pour nous harceler, lorsque nous regagnions le camp après d'énormes fatigues. En outre, ils nous empêchaient tout repos en tiraillant sur le camp pendant toute la nuit, nous forçant souvent à courir aux armes.

Nous fîmes cette manœuvre pendant une huitaine de jours, et chaque jour le nombre des blessés augmentait, tandis que les vivres et approvisionnements de munitions diminuaient trop sensiblement.

La situation commençait à devenir assez critique, d'autant plus que nous étions sans nouvelles de notre camp de dépôt, laissé dans la vallée du Sebaou. Les mauvaises langues prétendirent même que le maréchal, pour se tirer d'affaire, fit faire des propositions aux chefs les plus importants de ces tribus. Toujours est-il qu'un certain jour je vis une douzaine de chefs kabyles venir à notre camp, afin de *s'entretenir* avec le maréchal, et qu'après leur visite, nous continuâmes à nous garder avec le plus grand soin.

Les vivres manquaient de plus en plus, les blessés n'avaient plus le nécessaire et, chose plus importante qu'on ne pourrait croire, absence totale

de tabac : avec cela, bloqués sur toute la ligne !
Toute la montagne était entourée de Kabyles.

Le temps commençait à nous sembler très long, et on avait déjà distribué des pioches et des pelles afin de fortifier le camp, lorsque le maréchal prit des dispositions pour, disait-on, tromper encore une fois nos adversaires et nous tirer de cette fâcheuse situation. Nous ne pouvions continuer à nous lancer dans l'inconnu. A cette époque il n'existait encore ni plan, ni carte de cette région, et l'on ne pouvait plus aller à la découverte sans livrer combat. Or, je le répète, il nous restait très peu de vivres et presque pas de munitions.

On prit le parti, peu héroïque peut-être, de redescendre par où on était monté, et cela la nuit, en faisant le moins de bruit possible. Le plus difficile était de transporter les pauvres blessés sur les cacolets et sur des brancards. On y réussit toutefois après mille et mille difficultés. Bien mieux, cette descente, cette fuite pour mieux dire, s'opéra si vivement, sous la protection, bien entendu, d'une forte arrière-garde d'infanterie, que l'ennemi ne s'en aperçut que lorsqu'elle fut terminée. Une fois en bas, on réorganisa la colonne et nous regagnâmes notre camp de dépôt, sans perte de temps.

Je n'oserais affirmer que le maréchal Randon se soit flatté du résultat de cette fameuse expédition ; je doute cependant que nous ayons obtenu ce que nous désirions.

Les Kabyles, tout en se tenant à bonne distance et en couronnant les crêtes, nous accompagnèrent de leurs coups de fusil jusqu'à la Maison Carrée, située à quinze ou seize kilomètres d'Alger ; les blessés continuèrent jusqu'à destination.

La population d'Alger était très inquiète du sort de cette colonne ; le maréchal n'avait *pas voulu* ou n'avait *pu* l'informer de son échec. Cependant, arrivé à la Maison Carrée, il fit lancer par le génie ou par les artificiers d'artillerie des fusées volantes, qui s'épanouirent à une grande hauteur avec beaucoup d'éclat, de manière à rassurer autant que possible les Algériens.

Le lendemain, nous fîmes notre *rentrée* dans notre belle garnison. Toute la population était sur pied ; une grande partie même était venue à notre rencontre.

Depuis longtemps nos soldats n'avaient reçu des effets d'habillement en remplacement de ceux usés, et ils s'étaient *rapiécés* comme ils avaient pu, avec des morceaux de drap ou d'étoffe disparates, ce qui leur donnait vraiment un air bien malheureux. Aussi j'ai vu couler plus d'une larme discrète des yeux de ceux qui regardaient cette misère.

La population, fort émue, nous fit un accueil chaleureux; un grand banquet et un bal, je crois, furent offerts à MM. les officiers. Chaque homme de troupe reçut une demi-livre de viande, un demi-litre de vin, cinquante centimes et des cigares.

L'armée fut très touchée de cette généreuse et sympathique ovation.

L'échec de cette expédition prouva au moins qu'il fallait compter avec les guerriers de la Grande Kabylie et donna raison aux prédécesseurs du maréchal Randon. Je ne sais au juste ce qu'a été le nombre de nos pertes, mais je sais qu'elles ont été assez importantes.

On y retourna plus tard, probablement dans de meilleures conditions, je n'y étais plus; toujours est-il que nos troupes y furent plus heureuses, puisque c'est là précisément, au seb des Beni-Yaya, que le fort National est construit et qu'aujourd'hui la Grande Kabylie est à peu près entièrement soumise.

Dans le courant de 1854, on sait que la guerre avec la Russie fut déclarée, guerre néfaste s'il en fut jamais, qui nous inspire aujourd'hui les plus vifs et les plus cruels regrets.

Mais n'anticipons pas.

CHAPITRE VI.

Rentrée en France. — Ma nomination de sous-lieutenant. — Guerre de Crimée.

Vers la fin de l'année, le ministre de la guerre prit de certaines dispositions qui disloquèrent le 3ᵉ bataillon de chaque régiment au profit des deux autres bataillons, dits de guerre, qui furent ainsi renforcés.

J'appartenais précisément, comme sergent-major de carabiniers, au bataillon disloqué. Ma compagnie, ainsi que celle des voltigeurs, furent envoyées dans le courant de décembre à Antibes, où était alors notre dépôt.

C'était la première fois que je quittais les bataillons de guerre, et c'est avec le cœur bien gros que je me séparais de mes anciens camarades, d'autant plus qu'il était déjà question de former une division avec des régiments d'Algérie et de l'envoyer en Crimée.

La traversée fut très difficile; la mer était très grosse, et nous fûmes obligés de relâcher plusieurs fois, tirant des bordées de-ci de-là, secoués et ballottés au point de ne pouvoir débarquer à Marseille que le *neuvième* jour après notre embarquement!

J'étais à Antibes depuis environ un mois et demi, lorsque je reçus ma nomination de *sous-lieutenant* avec ma réintégration dans un bataillon de guerre. On comprend mon enthousiasme; j'étais ravi, enchanté, d'autant plus que le 11e léger venait d'être compris dans la formation, à Alger, d'une division grandiose, composée des 11e, 16e et 25e légers, 49e de ligne et 4e bataillon de chasseurs à pied, avec ordre de partir pour la Crimée le plus tôt possible.

Ces trois régiments légers se connaissaient de longue date, ayant excursionné et combattu côte à côte depuis cinq années qu'ils étaient en Algérie; il en était de même du 4e bataillon de chasseurs à pied.

Je quittai Antibes tout réjoui, d'abord d'être officier, grade tant désiré et pour lequel je *trimais* depuis plus de *six ans*. Il est vrai de dire qu'à cette époque, il était fort rare de voir un sous-officier promu sous-lieutenant dans son premier congé; je n'en étais que plus fier, que plus heureux, puis, enfin, ravi de partir pour la Crimée.

Je me fis habiller et équiper à la hâte et je partis d'Antibes à la date prescrite pour Toulon, où je devais m'embarquer quelques jours après mon arrivée.

Le jour désiré vint enfin; je pris passage sur un vieux voilier qu'on appelait *le Trident*. Il était commandé par un capitaine de vaisseau, M. Maussion de Candé. Ce bâtiment m'emporta avec un bataillon et demi du 73ᵉ de ligne et deux compagnies de chasseurs à pied.

Un voilier, cela marchait bien lentement pour moi, et, en effet, nous n'arrivâmes à Kamiech que trente-trois jours après notre départ, n'ayant fait escale qu'à Messine et à Constantinople. Il est vrai que nous perdîmes un certain temps dans la mer Noire, faute de vent.

A Messine, j'ai remarqué de très belles et riches églises, mais la ville était très mal tenue; la population y est *immorale* et *débauchée,* quoique affectant de montrer de grands principes religieux. Beaucoup de rues sont larges, dallées sur les côtés, pavées au milieu. On y voit de beaux jardins, très garnis d'orangers et de citronniers.

Nous avons admiré, par un temps splendide, les rives des Dardanelles; on y remarque beaucoup de maisons de plaisance, de châteaux, de villas, et de très beaux jardins, mais il nous tardait d'arriver à Constantinople.

Constantinople, vue de la mer, est une ville resplendissante et qui émeut, la première fois qu'on l'aperçoit. Avec ses mosquées, ses minarets élevés, très élancés et surtout si découpés, ses monuments et ses maisons peintes en toutes nuances, elle a un aspect de décor d'opéra-comique. Mais, hélas! plus on en approche, plus l'aspect change, et le désanchantement est complet lorsqu'on se trouve à l'intérieur; on éprouve alors une cruelle déception. On s'aperçoit bien vite que tout cela n'est qu'en mauvais bois, en torchis, en boue séchée et peinte, ou à peu près.

Le port est magnifique; la Corne d'or est remarquable, et c'est merveilleux de s'y promener le soir en caïk (canot de la forme d'une périssoire) dans lequel cependant on est très gêné, cela se comprend : il faut s'asseoir complètement dans le fond et ne plus bouger, car ces canots très étroits dé-

versent très facilement et ne peuvent contenir que
trois ou quatre personnes dans cette posture très
fatigante. Les eaux de la mer de Marmara et du
Bosphore sont phosphorescentes, et chaque fois
que les avirons remontent, ils font jaillir des lames
de flammes ou des gerbes d'étincelles; autour de
nous, des légions de marsouins cascadaient, sau-
taient les uns par-dessus les autres, ayant l'air
d'animaux fantastiques dans cette mer de feu.

Tout le monde a dit, ce qui est vrai, du reste,
que la ville est infestée de sales chiens, hargneux
et affamés; aussi, il est imprudent de se promener
dans les rues, non pavées, boueuses et aussi mal
tenues que les chiens, sans posséder un gros gour-
din protecteur, et la nuit sans être muni d'une
lanterne allumée. Les Turcs m'ont paru bien indo-
lents, négligents, pour ne pas dire paresseux et
peu soigneux de leur personne.

Ils fument continuellement et prennent plaisir
à regarder travailler leurs femmes. Du reste, ils
ont cela de commun avec les Arabes, qui ne rou-
gissent pas d'enfourcher de malheureux et maigres
bourriquots même pour faire un court trajet, tandis qu'à côté marchent leurs moukaires (femmes)
chargées d'enfants ou de fardeaux quelconques.

Je rencontrai à Constantinople quelques officiers de mon régiment, blessés dans un combat qui venait d'avoir lieu au siège de Sébastopol.

Les Russes firent pendant la nuit du 22 au 23 mars, nuit très obscure, une sortie avec quatorze bataillons. Ayant réussi à traverser nos lignes de tranchées entre les Anglais et un régiment français, ils vinrent prendre à revers les travailleurs et les bataillons français de garde. Il y eut là une affreuse mêlée corps à corps. Un bataillon de mon régiment s'y trouvait, et il eut à lui seul treize officiers sur quinze hors de combat, ainsi qu'un nombre d'hommes assez élevé.

Les Russes perdirent également beaucoup de monde, car les canons de Sébastopol tiraient dans le tas, aussi bien sur leurs hommes que sur les Anglais et sur les nôtres. Cette affaire fut assez chaude; elle me donna un avant-goût de ce qui m'attendait quelques jours plus tard.

Après avoir renouvelé ses provisions d'eau et de charbon, le *Trident* reprit la voile et cingla vers la mer Noire, en traversant le Bosphore. Cette traversée est encore plus attrayante que celle des Dardanelles; les rives sont réellement d'une richesse inouïe; c'est tout bonnement ravissant.

On y remarque une flore, une verdure étonnantes, et de-ci de-là émergent des palais, villas et autres constructions grandioses. On y voyait aussi à cette époque de nombreuses batteries d'énormes canons, avec leur provision de boulets en marbre ou en pierre.

L'absence de brise nous a beaucoup retardés dans la mer Noire; elle était comme de l'huile, aurait dit un Marseillais; moi, je dis comme une glace; il y avait des moments où l'on n'y voyait pas une ride. Le pauvre *Trident* était en panne, et nous nous morfondions dans ses flancs.

Enfin, nous pûmes démarrer et arriver à Kamiech. Nous débarquâmes et, après renseignements pris, chacun se dirigea vers le camp qui lui était affecté.

Je pris congé des camarades de traversée, remerciai MM. les officiers de marine, qui furent tous très bienveillants pour moi, et me dirigeai sur le camp du moulin d'Inkermann, où était mon régiment, éloigné d'environ sept ou huit kilomètres de Kamiech.

En route, j'apercevais les petits nuages blancs, floconneux, que laissent les bombes après leur éclatement en l'air, et j'entendais d'énormes et sourdes détonations qui m'indiquaient sùrement où était le fameux siège de Sébastopol.

J'accélerai le pas, ayant peur de ne pas arriver assez tôt pour la prise de la ville. Hélas! cette prise ne devait avoir lieu que *sept grands mois* plus tard ! Le siège commençait à peine.

On devine avec quelle joie je me retrouvai au milieu de mes amis et camarades. Le brave colonel Hardy, qui m'avait eu jadis comme secrétaire, m'accueillit à bras ouverts et me dit qu'il me ferait reconnaître dans mon grade le lendemain en allant prendre le service à la tranchée. Le lendemain, en effet, je fus reconnu comme sous-lieutenant devant mon bataillon réuni, et, une heure après, j'étais dans la tranchée à ma place de bataille.

CHAPITRE VII.

Siège de Sébastopol. — Prise du Mamelon Vert. — Échec du 18 juin.

J'avoue que, dans cette première nuit passée à la tranchée, j'ai éprouvé de vives sensations. J'ai dû m'habituer à voir et à entendre arriver dans notre direction quantité d'énormes bombes et obus qui éclataient, soit au-dessus de nous, soit en touchant le parapet de notre tranchée avec une colossale détonation. Il fallait aussi se faire au tir de nos batteries, devant lesquelles nous nous trouvions placés parfois à très faible distance, et il y avait certaines pièces en bronze peu goûtées de nos oreilles. Les pièces n'étaient certainement pas placées là pour nous bercer pendant la nuit.

Les gardes des tranchées doivent protéger les travailleurs qui établissent ainsi de nouvelles parallèles en se rapprochant de la place assiégée. Lorsque le clairon signale une sortie de l'ennemi, une attaque quelconque, ce sont les gardes qui doivent combattre et rejeter l'ennemi dans ses lignes.

Que de fois, dans une simple nuit de garde, nous avons eu de ces alertes qui fatiguent beaucoup et retardent sensiblement les travaux! A chaque instant il y a des tués et des blessés; les bons tireurs sont aux créneaux de chaque côté, et, dès que l'occasion se présente de tirer avec chance de réussite, on la saisit.

Les premières fois que l'on voit emporter les camarades plus ou moins touchés sont très émouvantes; c'est bien dur, bien pénible, eh bien, c'est triste à dire, mais on s'y fait. Cela tient beaucoup à ce que le même danger est partagé et que l'on se dit : « Après tout ce sera peut-être mon tour *ce soir ou demain.* » Nous faisions ainsi un service régulier, mais bien fatigant et, comme je l'ai dit, assez dangereux.

Jusqu'ici ma bonne étoile m'avait protégé. En Afrique, bien souvent, j'ai reçu des égratignures, des projectiles ont troué mes vêtements, mais dans tout cela, rien de sérieux. C'est ici, au siège de Sébastopol, que la Providence m'a réellement protégé; j'ai bien fréquemment échappé à la mort.

J'en donnerai une idée en racontant ce qui m'est arrivé quelques jours après la prise de mon service. Je ne dormais jamais pendant la nuit; je veillais jusqu'au jour avec mes soldats, et je m'en suis très bien trouvé.

Un certain matin, par un soleil radieux, j'étais étendu sur le revers de la tranchée et j'allais m'endormir, lorsque arrivèrent deux de mes amis, l'un du régiment, l'autre du 16ᵉ léger. Mathis, sous-lieutenant du régiment, vint me secouer en me disant : « Allons, ne reste pas ainsi la figure au soleil; voici Laussu, notre camarade du 16ᵉ, qui vient nous voir, il faut l'accompagner et lui faire voir nos tranchées. » Je cédai, et bien m'en prit. A peine étais-je levé, que deux de mes soldats prirent ma place et qu'un boulet, lancé d'une batterie russe très éloignée, vint frapper à la cuisse celui des soldats qui s'était placé juste où j'aurais eu la poitrine. Le pauvre diable eut la cuisse coupée comme avec une hache; je vois encore le bout du fémur, décharné et tout meurtri. L'autre soldat eut la figure abîmée par des pierres et cailloux projetés en même temps et un bras cassé. On les porta tous deux à l'ambulance, et je ne sais ce qu'ils sont devenus.

Pendant les mois de mars, avril, mai, le régiment fut employé régulièrement aux travaux du siège, mais *plus spécialement* à la garde des tranchées devant Sébastopol. Chaque jour enregistrait des duels entre notre artillerie et celle de la place, ainsi qu'entre les meilleurs tireurs des fantassins de garde de chaque côté, et chaque jour aussi de nouvelles victimes s'ajoutaient à celles de la veille.

Les Russes tentèrent de nouvelles sorties, rarement de notre côté (français); leurs attaques se portèrent de préférence aux ailes de notre armée, mais sans beaucoup de succès. Ces petits combats partiels, exécutés surtout pendant la nuit, n'obtinrent pas de grands résultats. Presque toujours les Russes souffraient beaucoup plus que nous de ces mêlées corps à corps, et cela sans retarder en rien nos opérations du siège; ils subissaient de grandes pertes en retournant dans leurs positions; aussi finirent-ils par y renoncer.

J'ai toujours entendu dire, et je l'ai constaté moi-même, que nous avions commis une grande faute, après la bataille de l'Alma, en commençant le siège de Sébastopol à une distance trop éloignée de la ville elle-même. Cette faute, qui nous a coûté si cher à réparer, a permis aux Russes de fortifier et de mettre en état de défense tout le terrain se trouvant entre Sébastopol, qui n'avait alors aucune fortification du côté de la terre, c'est-à-dire du côté où nous devions l'attaquer, et le moulin d'Inkermann, un des points de notre ligne d'attaque.

Cette ligne se serait trouvée alors bien en avant de ce fameux Mamelon Vert, qui n'existait alors que comme petit monticule couronné de verdure — de là son nom — et qui nous a pris tant de temps pour en approcher et de monde pour l'enlever *cinq mois plus tard!*

Presque toutes nos batteries établies au commencement du siège l'ont été tellement en arrière que, lorsqu'elles ont commencé leur tir, les projectiles n'atteignaient pas le but; ils n'arrivaient pas jusqu'à la ville.

Nous cheminions lentement, les tranchées s'ouvraient difficilement devant les formidables batteries rasantes que l'ennemi établissait de son côté. Dans certains endroits, où nous rencontrions la roche, il devenait presque impossible de creuser la parallèle sans employer la mine et ce qu'on appelle le gabion-farci (ce dernier est un grand panier cylindrique que l'on garnit d'étoupe ou autre matière, de manière à matelasser l'intérieur et permettre ainsi à quelques hommes de travailler à l'abri des balles ennemies, mais il est insuffisant contre l'obus et la bombe).

Employer la mine était assez dangereux, car c'était indiquer aux Russes le point exact où nous établissions la tranchée, et alors nous nous attirions un redoublement de fusillade et de canonnade. Aussi plusieurs de ces endroits ont été laissés ainsi et étaient devenus des passages extrêmement dangereux; l'ennemi les connaissait et y apostait ses meilleurs tireurs, et bien que des ordres fussent donnés pour les traverser rapidement, beaucoup de nos hommes furent atteints en traversant ces passages ; moi-même j'ai failli être une des victimes.

On relevait les gardes des tranchées dans la matinée, les hommes relevés défilaient dans la tranchée, l'un derrière l'autre, au fur et à mesure que les nouveaux arrivaient. Mon lieutenant marchait le premier, je le suivais de très près, un caporal venait ensuite m'emboitant le pas, c'est le mot, lorsqu'une balle, tirée d'une des embuscades indiquées plus haut, vint frapper ce pauvre caporal, qui me tomba dessus comme un capucin de carte; le malheureux avait reçu cette balle entre les deux épaules; elle était ressortie par la poitrine et s'était arrêtée dans sa criméenne (capote) roulée en bandoulière. On emporta ce pauvre diable expirant, et nous ne le revîmes plus. Ainsi, une demi-seconde plus tôt, c'est moi qui recevais cette maudite balle.

Il y avait fréquemment des victimes à ce passage, car le sol portait de nombreuses traces de sang.

Un fait qui a son importance se passa dans le trajet du camp aux tranchées, dans le ravin de Karabelnaïa, dont je reparlerai plus loin. Nous marchions derrière un bataillon d'un autre régiment pour nous rendre à la tranchée, les hommes étaient placés par quatre de front, lorsque, à un certain moment, un des hommes dudit bataillon tua son lieutenant, qui marchait à deux pas devant lui, d'un coup de fusil qu'il lui tira dans le dos.

Immédiatement, la compagnie à laquelle appartenait ce gredin s'arrêta, et les hommes, indignés, saisirent l'assassin et, sans enquête, sans jugement, instantanément, conduisirent ce dernier à vingt pas en dehors de la colonne, l'attachèrent à un tronc d'arbre et le fusillèrent séance tenante comme un chien enragé, puis le jetèrent dans un trou ayant servi de latrines...

Plus tard, la famille du fusillé intenta un procès au commandant du bataillon, qui fut traduit au conseil de guerre comme responsable; mais il fut acquitté à l'unanimité, attendu que l'assassin était un chenapan de la pire espèce et que le commandant avait été impuissant à empêcher la répression spontanée des autres soldats.

Je n'ai encore rien dit de l'armée turque, notre alliée cependant. C'est que tout d'abord je l'ai peu vue à l'œuvre, attendu qu'elle ne fut pas employée avec nous aux travaux du siège. Quelques régiments furent chargés d'un service de surveillance ou de grand'garde du côté de Balaklava, Baïdar, Eupatoria, etc. Ensuite, je n'ai sincèrement aucun éloge à adresser à cette armée pitoyable, ni aucun bien à en dire, au contraire.

Dans le courant de mai 1855, trois bataillons turcs étaient encore campés près du moulin d'Inkermann. On les fit partir, car réellement nos soldats n'avaient rien à gagner à leur voisinage. Ce mouvement nécessita le déplacement de mon régiment, qui se rapprocha alors du susdit moulin, et nous eûmes la mauvaise chance d'être obligés d'installer notre nouveau campement à côté du terrain laissé libre par le départ des bataillons turcs.

Il est impossible de se faire une idée de ce que ces soldats turcs laissèrent là d'ordures de toutes sortes,... des haillons, des guenilles, des rognures de cuir, d'équipement, de coiffure, mais surtout de *vermine!* On venait de loin par curiosité pour regarder *à bonne distance* ce fouillis, ces traces de saleté écœurante au milieu de laquelle vivaient ces malheureux Turcs.

Huit mois plus tard, lorsqu'il nous fallait traverser cet emplacement, nous le faisions en courant de toutes nos forces... Eh bien, de l'autre côté, nous étions obligés de *secouer et racler* nos jambes de pantalon, noires d'*insectes piquants* et tout disposés à nous dévorer, d'autant mieux qu'ils jeûnaient depuis le départ de leurs amis et qu'ils avaient bravé les grands froids de l'hiver 1855-1856.

Lors de mon passage à Constantinople, j'avais déjà remarqué dans les rues et dans les bazars deux officiers généraux turcs, en grande tenue;

épaulettes sur les épaules, ceinturons d'or, etc., des généraux, dis-je, pieds nus, sans chaussettes, dans des godillots français, et chacun d'eux emportant *une bouteille pleine*, dans chaque poche de derrière de sa tunique!... leurs soldats se promenant de même sur les places publiques, avec des vêtements de la dernière saleté, déchirés, décousus, enfin dans la tenue la plus repoussante. Voilà, à ce point de vue, l'armée turque. Heureusement, nous ne nous retrouvâmes plus jamais en contact avec nos distingués alliés.

Le mois de juin arriva, et on reconnut la nécessité d'enlever le fameux Mamelon Vert, qui nous faisait beaucoup de mal et paralysait l'exécution de nos travaux d'attaque, de concert avec les redans, petit et grand. Ce dernier était tout spécialement l'objectif des Anglais, qui en faisaient le siège à notre gauche; le ravin de Karabelnaïa nous séparait. Un autre ravin, dit du Carénage, et que nos soldats nommaient si bien du *Carnage,* en raison des grandes pertes que nous y avons faites à différentes époques, ce ravin, dis-je, était en face du petit redan, à notre droite, entre nous et une autre division qui avait de même ce petit redan pour objectif.

Le général Canrobert, qui commandait alors toutes les troupes françaises employées au siège, prit ses dispositions de combat, et l'attaque fut décidée pour le 8 juin. Des ordres précis furent donnés, les montres furent réglées sur l'heure du quartier général, et défense fut faite aux troupes qui allaient exécuter l'assaut de dépasser le susdit Mamelon Vert.

Habituellement, nous n'emmenions avec nous dans les tranchées que nos clairons, car les tambours étaient trop promptement inutiles, le matin surtout; les peaux de caisse devenues humides, sinon mouillées pendant la nuit, ne pouvaient rendre aucun service.

Ce jour-là, par exception, les bataillons devant opérer groupés, avec les batteries et sonneries de la charge, nous avions nos tambours. Ils marchaient par cinq ou six de front dans le ravin de Karabelnaïa, lorsque les Russes, qui nous avaient aperçus sans doute, nous lancèrent force bombes et obus. Une énorme bombe de trente-trois centimètres, dénommée pittoresquement *grosse marmite* par nos loustics, vint tomber en éclatant juste au milieu de nos tambours et clairons, qui marchaient en tête. *Quatorze* de ces malheureux furent tués ou blessés. Des ambulanciers vinrent les emporter, et nous continuâmes notre route vers notre poste de combat. Le régiment était commandé alors, ainsi que je l'ai déjà dit, par le colonel Hardy, officier supérieur très distingué, fort aimé et estimé de tous.

À l'heure prescrite, toutes les troupes de l'attaque étaient en place et prêtes à donner l'assaut.

Le 11ᵉ léger avait une mission assez difficile et surtout périlleuse à remplir, en raison du terrain très accidenté qu'il avait à gravir, et le secteur qu'il devait attaquer était garni de grosse artillerie. Le signal fut donné par des fusées de couleurs éclatantes, et, à cet instant, tous les assaillants se ruèrent sur les défenseurs du mamelon, spécialement sur les artilleurs de ses formidables batteries.

Pendant un certain temps ce fut une mêlée générale, des combats partiels, corps à corps ; on s'entretuait mutuellement à coups de fusil, de baïonnette, de sabre, d'écouvillons de canon, de pinces en fer, enfin avec tout ce qui tombait sous la main.

Des tas, des monceaux de cadavres se forment, les mourants se tordent, se roulent, se contorsionnent dans une dernière convulsion. D'autres, les blessés, parfois rendus inertes, immobiles, ayant souvent plusieurs membres traversés, cassés, fracturés, semblent faire des efforts surnaturels pour ne pas crier, ne pas se plaindre, poussant ainsi l'héroïsme jusqu'à rester muets pour ne pas attirer l'attention des combattants et les détourner de leur besogne.

Le combat fut acharné de part et d'autre; néanmoins la position fut enlevée sans indécision et avec la *furia* française qui nous caractérise. Un grand nombre des défenseurs furent tués ou blessés, et nous fîmes peu de prisonniers; quelques Russes réussirent à s'échapper et à se mettre à l'abri sous les canons de Malakoff. C'est en les poursuivant que plusieurs de nos officiers et de nos soldats, dans la chaleur de l'action, oublièrent les ordres donnés, dépassèrent le mamelon et allèrent se faire tuer ou enlever jusque dans les fossés de Malakoff et même jusque sous les murs de Sébastopol.

Cet assaut fut un brillant fait d'armes, qui fit grand honneur à notre vaillante armée, mais qui laissa à la nation russe la satisfaction de nous l'avoir *fait payer très cher*.

En effet, nos pertes furent grandes : plusieurs

généraux et beaucoup de brillants officiers, supérieurs et autres, y furent tués ou blessés. Notre brave 11e léger y perdit son excellent et héroïque colonel Hardy, qui fut frappé mortellement d'un biscaïen au ventre, au moment où il s'élançait à l'assaut à la tête du régiment : près de sept cents hommes du 11e léger restèrent sur le terrain. Je n'oublierai jamais la sensation que j'ai éprouvée lorsque, à la nuit tombante, nous reçûmes l'ordre de quitter le mamelon, que d'autres troupes remettaient en état de défense en retournant les canons conquis du côté des Russes, et de nous porter sur la droite pour occuper les ex-tranchées ennemies; nous étions par bataillons, en colonne massée, baïonnette au fusil; eh bien, nous fîmes ce trajet (quelques centaines de mètres) en ordre, l'arme sur l'épaule, avec autant de régularité que sur un terrain d'exercice; cela s'exécuta devant une formidable batterie de gros canons russes qui, à une distance moindre de quatre cents mètres, tiraient sans relâche sur nous, à obus et à mitraille. Presque toutes nos baïonnettes et beaucoup de fusils furent mis hors de service par les projectiles qui, heureusement pour nous, frappèrent au-dessus de nos têtes. Peu d'hommes furent touchés, le terrain étant un peu en contre-bas ; mais c'est égal, ceux qui se sont trouvés en semblable situation n'ont pas dû l'oublier.

Une grande partie de la nuit suivante se passa à retourner les tranchées et positions conquises du côté des Russes et à prendre un peu de repos, dont nous avions réellement besoin.

A droite et à gauche du Mamelon Vert, des démonstrations d'attaque furent simultanément faites afin d'occuper aussi l'ennemi de ces côtés, mais ces combats du bastion du Mât et des batteries Blanches furent relativement insignifiants.

Le lendemain, dès la pointe du jour, l'ennemi nous réveilla par une canonnade effrénée de Malakoff et des deux redans ; il espérait sans doute que nous commettrions la faute de ne pas nous abriter en transformant les tranchées enlevées la veille et, par suite, nous faire beaucoup de mal, mais on a vu que cette espérance n'était pas fondée. Toutefois, sa canonnade nous fit quand même éprouver quelques pertes. Ainsi, un jeune sous-lieutenant de la dernière promotion de Saint-Cyr et qui avait obtenu de venir tout de suite en Crimée, fut assez téméraire pour se promener en dehors de la tranchée. Il fut atteint à la tête par un biscaïen d'une des volées de mitraille citées plus haut et eut le crâne entamé; il ne perdit pas connaissance et espérait, comme nous du reste, que sa blessure n'était que légère. On le conduisit à l'ambulance; il y mourut pendant la nuit.

La même volée de mitraille fracassa le crâne à un turco piailleur ivre et qui gesticulait en dehors de la tranchée en envoyant des injures aux Russes; il tomba, n'ayant pour ainsi dire plus que la moitié de la tête... Sa cervelle avait été projetée sur ceux qui se trouvaient à portée.

Une suspension d'armes fut convenue en précisant les lignes limites que personne ne doit dépasser, reportant mutuellement les corps des tués, ainsi que les blessés non relevés, sur le terrain respectif de l'ennemi. Chacun reconnait les siens et les emporte selon sa convenance. A une certaine heure arrêtée entre les armées, la suspension d'armes cesse et les opérations du siège peuvent recommencer.

Je me plais à dire dès maintenant que, pendant ce long siège, j'ai assisté à plusieurs de ces suspensions d'armes; eh bien, jamais je n'ai vu nos adversaires russes recommencer les hostilités les *premiers* avec les lignes françaises. Le feu recommençait toujours avec les Anglais ou par ces derniers.

Nous rendîmes les derniers devoirs à notre regretté colonel Hardy, ainsi qu'à nos camarades, cela, comme on le pense bien, d'une façon très sommaire, puis chacun reprit son rôle et son poste d'assiégeant à ce trop long siège qui menaçait, disait-on, *bien doucement encore*, de nous engloutir tous.

On nous donna un nouveau colonel nommé David, que nous conservâmes environ une douzaine de jours. Le malheureux eut la tête enlevée par une bombe, étant de garde à la tranchée. Il fut remplacé par le colonel de Berthier, officier supérieur de mérite et d'une bravoure chevaleresque.

C'est à cette époque, si je ne me trompe, que le général Canrobert céda le commandement des troupes du siège au général Pélissier.

Le général Canrobert était fort aimé de l'armée, et il emporta beaucoup de regrets; mais il était trop *timide*, trop *tendre*, trop patient, et on prétendait, à tort ou à raison, que sous son commandement le siège menaçait de s'éterniser.

Aussi, dès son entrée en fonction, le général Pélissier voulut brusquer le dénouement. Il prit ses dispositions, donna ses ordres, et dès le 17 au soir, on nous prévint que l'assaut de Malakoff aurait lieu le lendemain à midi précis, à la suite d'un bombardement de toutes nos batteries. Tous les corps d'attaque devaient être en place dès onze heures et demie, en évitant le bruit et en se défilant le plus possible.

Le 11ᵉ léger devait opérer dans le secteur du centre, c'est-à-dire partir directement du Mamelon Vert pour marcher sur la fameuse tour Malakoff qu'on ne voyait pas du tout, et pour cause. Il y avait eu autrefois une espèce de tour surmontant le logement du gouverneur de Sébastopol; mais dès le commencement du siège, le général Totleben, qui avait été chargé d'organiser les travaux de défense de la place, fit raser ladite tour, et ses restes, son sous-sol principalement, furent recouverts de terre et blindés, comme du reste tous les abris russes.

Au signal donné par des fusées, comme pour le Mamelon Vert, nous nous élançâmes au dehors de nos tranchées en nous dirigeant chacun sur son objectif; mais, hélas! trois fois hélas! au lieu de surprendre nos adversaires, nous fûmes douloureusement étonnés de trouver tous leurs postes, *Malakoff principalement*, quadruplés, quintuplés de défenseurs, qui nous reçurent de la bonne façon. Nos pauvres troupiers tombaient comme des épis de blé sous la faux du moissonneur!... Immédiatement, le bruit courut que nous étions trahis et qu'il fallait rentrer bien vite dans nos tranchées. Ce n'était pas chose facile; le désordre était très grand. Une pluie de fer et de plomb nous arrivait de tous côtés, et chacun de ceux qui restaient debout regagna avec beaucoup de peine un abri quelconque, bien entendu sans attendre de commandement.

Ma bonne étoile continuait à veiller sur moi probablement, car je me demande encore aujourd'hui comment j'ai pu revenir d'où j'avais été envoyé, *sans être touché.*

Un colonel dont le nom m'échappe, prenant le commandement de la brigade dont le général venait d'être tué, demanda au lieutenant commandant ma compagnie de l'accompagner comme officier d'ordonnance. Celui-ci, qui ne se souciait sans doute pas de faire cette besogne, m'envoya à sa place. Cela se passait au moment où notre échec se prononçait.

Ce colonel me donna l'ordre d'aller trouver le commandant d'un bataillon alors déployé et embusqué devant Malakoff et de lui dire de rentrer bien vite dans ses tranchées. C'était une singulière mission, mais là, sur le champ de bataille, il n'y avait pas à tergiverser. Je pris, comme on dit, mon courage à deux mains, et je me dirigeai, au milieu des balles et de la mitraille, jusques auprès des soldats de ce bataillon et leur demandai où était leur chef. Comme bien on pense, ces braves gens m'envoyèrent à tous les diables, mais pas à leur commandant! Ils ne savaient pas, du reste, où il se trouvait.

J'étais alors très près de Malakoff, et franchement, si les défenseurs de cette forteresse eussent voulu, aucun des Français qui se trouvaient là n'aurait regagné sa tranchée, car enfin ils étaient dix fois au moins plus nombreux que nous, et le feu avait complètement cessé de notre côté. Aussi ils étaient presque tous debout, fiers, narquois même, et nous appelaient la casquette à la main; ils semblaient nous dire : « Venez donc, nous vous attendons! »

Comment ai-je pu rejoindre mes camarades? Je ne l'ai jamais compris, car les Russes de Malakoff ne tiraient plus, je l'ai dit, mais leurs vaisseaux, embossés à l'entrée du port, continuaient à balayer de leur mitraille le terrain que je devais retraverser pour revenir dans notre tranchée.

C'est en traversant ce terrain, où se trouvaient quelques excavations peu profondes provenant sans doute d'anciennes carrières, que je rencontrai le capitaine adjudant-major Chagrin de Saint-Hilaire, qui avait cherché à s'abriter dans un de ces trous, mais ne pouvait plus remonter et en sortir, ayant été assez fortement contusionné au côté par un biscaïen. Je l'aidai à se tirer de ce mauvais pas, et je l'invitai à employer ma tactique pour regagner nos positions.

La mitraille continuait à arriver par volées, et il devenait très dangereux de rester debout dans ce maudit terrain. Je fus obligé de me jeter à terre tous les quinze à vingt mètres parcourus au pas de course, puis de me relever et de recommencer ainsi cette petite manœuvre jusqu'à destination. Enfin, je m'en tirai sain et sauf, mais ayant eu *chaud* aux oreilles! Le capitaine de Saint-Hilaire put de même regagner la tranchée sans nouvelle blessure.

Un pauvre diable de fantassin qui me suivait de loin, employant aussi la même tactique, arriva dans la tranchée quelques minutes après moi. Il tomba dans nos bras en prononçant ces mots (textuels) — je dis, en prononçant — en *balbutiant* ces mots : « *Ils peuvent se fouiller, ils ne m'auront pas!* » Ce malheureux avait reçu *deux* balles dans la tête, dont l'une lui avait fracassé la mâchoire inférieure. Qu'est-il devenu? Je l'ignore. On le conduisit à l'ambulance, qui, comme toutes ce jour-là, regorgeait de blessés. C'est notre seul échec subi en Crimée, mais il a été sérieux.

Quelles furent nos pertes dans cette malheureuse journée? On ne nous l'a jamais dit! A-t-on seulement cherché à le savoir?

Le bruit a couru qu'un infâme caporal de la légion étrangère, déserteur du 17 juin, avait prévenu l'état-major russe de l'attaque des Français pour le lendemain à midi. Je ne sais ce qu'il y avait de vrai dans cette version; toujours est-il que les dispositions prises par nos adversaires et l'augmentation des troupes de défense dans leurs postes donnent un grand semblant de vérité à la chose.

Deux jours après, autre suspension d'armes.

Les dispositions habituelles furent prises par les deux armées, mais les Russes avaient choisi, pour former le cordon limite de leur ligne, des sous-officiers médaillés, en grande tenue, vêtus d'effets neufs, et rien que des hommes de belle prestance. Leurs officiers étaient également mis avec recherche; tous avaient des vêtements neufs, du linge très blanc et étaient gantés de frais.

Tout cela était du luxe pour nous! Vêtus de nos pauvres habits qui servaient depuis le commencement du siège, souvent rapiécés et qui indiquaient à leur aspect l'usage qu'ils faisaient nuit et jour dans les tranchées. Nous portions le gilet noir et la tunique déboutonnée, comme en Algérie, le pantalon dans la guêtre ou dans le houzeau et une ceinture de zouave par là-dessus.

C'est ainsi que je me présentai à l'armistice; je fus remarqué par un général russe qui me dit en très bon français : « Vous avez une jolie tenue, lieutenant! ». Ma première pensée fut qu'il voulait me narguer, et je lui répondis sur un ton mécontent : « J'en ai une autre, général! — Oh! monsieur, je veux dire que vous avez une tenue commode et que vous êtes à l'aise pour faire le métier que nous faisons ici. » Il craignit de m'avoir froissé; aussi il s'empressa de m'offrir un cigare que j'acceptai avec plaisir en le remerciant.

Beaucoup d'officiers russes firent de même et nous tendirent la main! Ce qui prouve bien qu'à cette époque déjà, la guerre entre les Russes et les Français était faite loyalement et qu'une sympathie naturelle et réciproque existait malgré tout entre les deux peuples. J'en donnerai d'autres preuves plus loin.

L'opération fut assez longue du côté des Russes, car tous nos tués et nos blessés étaient tombés sur le terrain occupé par nos adversaires, tandis que ces derniers n'étant pas sortis de leurs lignes, aucun soldat russe ne se trouvait sur le terrain français.

Malgré notre échec, ce fut avec des témoignages d'estime et de sympathie que chacun se retira sur son terrain respectif, et l'heure de la reprise des hostilités était passée depuis longtemps que des deux côtés on attendait avec une curiosité tant soit peu inquiète et un certain énervement de savoir qui recommencerait le feu. Comme d'habitude, ce fut du côté des Anglais que partit le premier coup de canon.

CHAPITRE VIII.

Inkermann. — Anecdotes du siège. — Bal et théâtre devant Sébastopol. — Traktir.

Dès le soir même les opérations du siège reprirent avec une énergie d'autant plus prononcée que le général Pélissier était furieux de cet échec subi dès le début de son commandement en chef. De nouvelles tranchées furent ouvertes, de très fortes batteries d'artillerie furent construites sur des emplacements plus rapprochés de la place; on apporta aussi plus de précaution et de surveillance dans les ordres donnés et dans leur exécution.

Je n'ai rien dit encore de la bataille d'Inkermann, à laquelle je n'ai pas assisté; je n'en connais pas exactement la date. Je sais seulement que les Russes tentèrent de refouler les Anglais, campés au-dessus de la falaise dominant la rivière Tchernaïa et près d'un ex-moulin nommé moulin d'Inkermann. En effet, une certaine nuit, au point du jour, les têtes de colonne russes débouchèrent par le chemin qui, de la rivière, monte par une pente très raide jusque dans le camp anglais. Ceux-ci, surpris selon l'habitude, puisqu'ils ne savaient pas se garder, furent attaqués assez énergiquement, mais ils coururent aux armes et appelèrent du secours.

Les zouaves du général Bourbaki (alors colonel), campés à côté des Anglais, accoururent et, avec leur furia légendaire, tombèrent sur les Russes à la baïonnette. Comme ces derniers n'eurent ni le temps ni le terrain nécessaire pour se déployer, ils furent bousculés, renversés et jetés pêle-mêle dans un refoulement épouvantable, du haut de la falaise, sur les tas de pierres tirées des carrières voisines (cette falaise avait au moins de vingt-cinq à trente mètres de hauteur).

Se figure-t-on ce qu'a dû être ce carnage, cette boucherie? ces masses d'hommes refoulées et tombant de cette hauteur, avec leurs fusils, baïonnette au canon? et ces autres, suivant la route, le chemin plutôt, en se précipitant les uns sur les autres pour échapper à la *tuerie*, à la mitraille des canons français et anglais, qui tiraient presque à bout portant dans la masse, dans le tas? Combien en ont-ils laissé là, les malheureux Russes!

Je me souviens qu'en visitant les grottes de la Tchernaïa, plusieurs mois après cette bataille, nous retrouvions encore des ossements, des squelettes russes, au milieu d'une grande quantité d'objets d'équipement militaire et provenant des combattants d'Inkermann. Ces malheureux, sans doute grièvement blessés, s'étaient réfugiés dans ces grottes et y avaient été abandonnés, sans soins, ignorés peut-être!

Chaque jour, au moyen des parallèles, nous nous rapprochions de la place et aussi des batteries ennemies, leur tir devenait donc plus énergique et plus sûr; de là les difficultés que nous éprouvions pour achever et rejoindre, souder plutôt, lesdites parallèles.

Les Russes mettaient également leurs meilleurs tireurs aux créneaux, et chaque fois qu'un des nôtres se bouchait, on était presque certain de recevoir une balle dans le susdit; aussi, que de malheureux curieux, ignorant le danger, ont payé d'une balle au front leur imprudente curiosité!

Il est bon d'indiquer ici comment sont formés ces créneaux : au-dessus de la terre tirée des tranchées et rejetée du côté de l'ennemi, on forme un parapet avec des sacs en toile remplis de terre; ces sacs ont à peu près de quarante-cinq à cinquante centimètres de longueur sur vingt ou vingt-cinq de largeur; on les place deux dans le sens de la tranchée, deux dans le sens perpendiculaire, puis deux autres en travers par-dessus, en laissant entre eux un vide pour passer le fusil et tirer abrité autant que possible. Il faut donc que le tireur ennemi enfile bien juste le créneau pour atteindre l'adversaire; cela arrivait cependant assez fréquemment de chaque côté des combattants.

Dans le courant de juillet, je fus nommé sous-lieutenant de voltigeurs. Les carabiniers et les voltigeurs étaient autrefois ce qu'on appelait les compagnies d'élite. Les carabiniers, dans l'infanterie légère, grenadiers dans la ligne, étaient choisis spécialement pour leur grande taille; les voltigeurs, au contraire, étaient râblés, bien pris et choisis pour leur bonne conduite, leur propreté et leurs bonnes actions. Le choix en était bien supérieur aux premiers. C'était une véritable distinction, presque une faveur, d'appartenir à ces compagnies, particulièrement aux voltigeurs.

Un certain jour de juillet, je fus chargé par mon colonel d'une mission très délicate et surtout fort dangereuse à exécuter en plein jour. Voici le fait : entre les lignes russes et françaises, dans le voisinage de Malakoff, il y avait, en avant d'une dépression de terrain, une embuscade habituellement occupée par les Russes, pendant la nuit surtout, et qui nous faisait beaucoup de mal, car elle enfilait une partie de nos tranchées. Il s'agissait de l'occuper de bonne heure pendant le jour et de s'y maintenir pendant la nuit.

Je fus chargé de cette mission ; je pris un clairon et une quinzaine de voltigeurs, et nous essayâmes de nous glisser en rampant dans une espèce de sillon de charrue, dans la direction de l'embuscade ; le clairon était devant moi, et derrière suivaient le sergent et les hommes, couchés, allongés l'un derrière l'autre, le fusil baissé, bien entendu. Il fallait autant que possible ne pas être vu de l'ennemi.

Mais, hélas ! nous avions été aperçus de plusieurs points, et aussitôt une fusillade *trop nourrie* nous arriva avec accompagnement de petites bombettes qui venaient très bien éclater *trop près de nous*, puisque, étant placé sur le dos, j'en reçus une entre les jambes. Heureusement, elle ricocha et alla éclater un peu plus loin. Au même moment, mon sergent recevait une balle qui lui enlevait un œil. Le pauvre garçon se sauva bien vite dans notre tranchée, ainsi du reste que cinq de mes hommes blessés. Le clairon, qui avait pu s'approcher de l'embuscade, voulut passer une jambe de l'autre côté afin de s'abriter des projectiles qui nous étaient destinés; il fut saisi et enlevé aussitôt, mais il put cependant me crier : « Sauvez-vous, lieutenant, ils sont plus de deux cents là derrière ! » Il fut fait prisonnier.

Je remarquai qu'entre les pierres sèches dont cette embuscade était formée, un certain nombre de Russes avaient braqué leurs fusils dans notre direction, de sorte qu'ils n'avaient qu'à appuyer le doigt sur la détente et nous tuer pour ainsi dire à bout portant, moi tout spécialement. Ils n'en firent rien; je sus plus tard qu'ils avaient reçu l'ordre de ne pas tirer. Mon colonel, qui avait entendu l'avertissement du clairon, m'appelait de la tranchée, ainsi que les autres officiers; tous me criaient de rentrer, de revenir immédiatement.

Du reste, que faire? Je n'avais presque plus d'hommes avec moi, plusieurs étaient déjà rentrés, et je ne pouvais pas même me mettre à genoux ou

m'asseoir sans m'attirer des balles. Réellement,
je ne croyais pas rentrer vivant, mais mon étoile,
toujours ma chère étoile veillait! Enfin, en rampant de nouveau, en me glissant petit à petit,
j'atteignis notre bienheureuse tranchée. Le colonel, qui me suivait de l'œil, me reçut dans ses bras
et, bien que très ému lui-même, me dit en plaisantant : « Eh bien, mon cher Duban, vous les avez
vus de près. Est-il vrai qu'ils ont des casquettes à
poil? » C'était vrai, mais je ne répondis pas tout
d'abord : il paraît que j'étais à photographier.
J'avais reçu trois balles dans mes habits; l'une
d'elles avait coupé mon ceinturon sur le côté
en écornant un peu mon sabre, que j'avais à la
main; ma tunique était trouée en plusieurs endroits,
mon képi également, mais mon individu, rien,
absolument rien, que quelques égratignures insignifiantes! Seulement, je crois que les épreuves
semblables ne sont pas favorables à la conservation des *cheveux noirs.*

Le surlendemain, autre chance providentielle :
nous achevions notre bien frugal déjeuner, mon
lieutenant nommé Ragot (nom à retenir) et moi,
sous un abri fait avec quelques fagots, lorsqu'on
nous cria : *Gare la bombe!* Nous sortîmes précipi-

tamment, et à peine étions-nous à quelques pas, qu'une énorme bombe tomba sur notre pauvre abri qui fut, comme on le pense bien, complètement bouleversé; la bombe éclata quelques secondes après sa chute, et un de ses morceaux, projeté en l'air, retombait perpendiculairement dans la direction de mon lieutenant. J'aperçus à temps ledit morceau et, prompt comme la pensée, je poussai brusquement mon chef, qui alla tomber à deux pas de là; il se releva cramoisi de colère en revenant sur moi. Pendant ce temps, le fameux éclat de fonte était tombé juste à l'endroit où était mon lieutenant au moment de la poussée. Sans ma présence d'esprit, ma promptitude et ma *voie de fait,* mon pauvre Ragot, qui devint mon meilleur ami par la suite, était certainement tué ou grièvement blessé, car le lingot de fonte pesait au moins trois ou quatre kilos. Nous venions de l'échapper belle en quittant à temps notre abri, et Ragot, une seconde fois, par ma *poussée.* Mais ce qu'il y a de plus surprenant, c'est que, quelques jours après cette scène, je fus appelé encore une fois à lui sauver la vie.

J'ai annoncé, au commencement de ces *Souvenirs,* que je ne raconterais que des faits exacts, véridiques et tels quels, sans les modifier dans un but quelconque.

C'est encore dans une garde à la tranchée : après l'installation de nos hommes au parapet et toutes nos dispositions prises pour la nuit, mon lieutenant réussit à découvrir une espèce de niche dans le revers de la tranchée, qui à cet endroit était de la terre grasse assez compacte. Cette niche faisait assez bien l'office de fauteuil et était abritée des balles ennemies et presque des obus, mais non des bombes. Or, mon ami Ragot s'installa dans la susdite, avec un air très satisfait et en se disant sans doute : « Comme je vais bien dormir là dedans ! »

J'ai déjà dit, et je le répète, que je ne dormais jamais à la tranchée pendant la nuit; mon lieutenant n'était pas de même, et, après quelques moments de bonne installation dans la niche, il ronflait si bien que les canons des deux armées ne le réveillaient pas.

Cependant, j'étais inquiet; les bombes et les obus russes arrivaient de plus en plus dans nos environs. Je me décidai à réveiller Ragot, afin de le faire changer de place; je le secouai, et il se réveilla en maugréant très fort, mais enfin il se rendit à mes observations et quitta sa place. Il n'y avait pas cinq minutes que mon Ragot avait évacué la niche, qu'une bombe, lancée de Malakoff, vint tomber et s'enfoncer juste en plein dans la niche en question. Je vous laisse à penser si mon lieutenant devait avoir de l'affection pour son sous-lieutenant.

Un autre fait l'eût augmentée si la chose eût été possible. Notre compagnie de voltigeurs fut désignée pour empêcher l'ennemi d'établir et occuper certaines embuscades, dangereuses pour nous pendant la nuit. Je fus chargé de placer nos hommes en éclaireurs dans des trous de tirailleurs creusés en avant de nos lignes. Pendant toute la nuit, nous échangeâmes des coups de fusil avec nos adversaires, qui, d'après ce qu'on sut plus tard, voulaient exécuter une sortie sur ce point; nos dispositions les en empêchèrent, nous eûmes là quelques blessés.

Le lendemain, la compagnie fut félicitée et mise à l'ordre de la division, et, pour mieux la récompenser, on décora son chef. Lorsque le colonel annonça cette décoration à mon lieutenant Ragot, ce dernier, aussi juste que brave, fit observer au colonel qu'il n'avait pas seul mérité cette récompense, que son sous-lieutenant avait été exposé plus que lui, et qu'il ne serait qu'équitable de lui donner cette croix, etc.

Le colonel répondit : « Que voulez-vous? c'est le général en chef qui le veut ainsi ; du reste, le tour de votre sous-lieutenant viendra plus tard. »

Des sorties de nuit et différentes escarmouches eurent lieu, soit à la droite, soit à la gauche du siège, mais je les passe sous silence, n'y ayant point pris part et les considérant comme en dehors de mon objectif. Les pertes éprouvées même dans les simples gardes ou pendant les travaux des tranchées devinrent de plus en plus sérieuses, et les dépôts des régiments durent, à différentes reprises, envoyer d'importants renforts à leurs bataillons de guerre; plusieurs de nos régiments divisionnaires furent, comme le 11ᵉ léger, renouvelés presque complètement.

Ainsi, dans le courant de juillet, le 16ᵉ léger qui, un certain jour, avait à peu près tous ses hommes au travail, dans l'ex-Mamelon Vert, fut cruellement éprouvé par l'explosion d'un magasin à poudre. Ce brave régiment perdit près de cent cinquante hommes et quinze ou seize officiers. Quelques jours plus tard, nous établissions une forte batterie au même endroit, et j'eus l'occasion de constater un fait curieux.

J'avais installé un clairon au-dessus d'un abri où je m'étais placé tout en surveillant mes travailleurs ; ce clairon devait nous avertir de l'arrivée des bombes russes qui nous étaient lancées à chaque instant de Malakoff.

A un certain moment, ledit clairon nous crie : *Gare la bombe !* Une seconde après, une énorme bombe tombe à quelques mètres de nous et éclate. Au même instant mon clairon, qui n'était qu'à environ un mètre cinquante au-dessus de moi, me tombe dessus sans pousser le moindre cri, sans dire une seule parole. Aidé par un de mes hommes, j'essayai de le relever. Peine inutile ; il était mort ! Je l'examinai attentivement, nous le retournâmes de tous côtés ; rien, aucune trace de blessure, pas une goutte de sang ! Je le fis porter à l'ambulance, en recommandant de prier les médecins de l'examiner de très près. On le déshabilla, on le retourna en tous sens, mais sans résultat ; rien, pas même trace de contusion. Le passage de la bombe trop près de sa figure, de sa bouche sans doute, a dû lui couper la respiration et le tuer sans laisser la moindre trace. A nos savants à expliquer la chose.

Je ne veux pas trop insister sur les scènes terribles, épouvantables que chaque jour nous avions sous les yeux ; on pourra facilement s'en faire une idée quand on saura que nous passions pour ainsi dire trente heures sur quarante-huit à la tranchée et que, pendant tout ce temps, il nous fallait supporter le feu de plus de *quatre cents pièces d'artillerie,* qui vomissaient presque continuellement du fer sur nous. Je ne parle pas de la fusillade. Aussi, que de têtes, que de bras, que de jambes, que de cadavres nous avons vu emporter ! Et, chose bien triste à dire, et que je répète avec intention, on finit par s'habituer à cela. On devient presque insensible et indifférent à ces scènes terribles. J'en ai déjà expliqué la cause.

Les loisirs étaient assez restreints, assez rares au camp ; cependant les zouaves, ces soldats remarquables à tant de titres, qui partout bravent le danger avec tant d'insouciance et apportent, comme tous les Français, du reste, la gaieté avec eux, les zouaves, dis-je, trouvèrent le moyen d'installer un petit théâtre non loin du moulin d'Inkermann. On y jouait des vaudevilles et même des petites opérettes-bouffes. Les artistes, tous combattants, faisaient leur service comme les autres, et il n'était pas rare de voir sur l'affiche un changement de spectacle ou une *relâche* pour cause de prise d'armes, ou encore d'un artiste blessé ou décédé! Les plus jeunes d'entre eux, les *imberbes*, remplissaient, non sans succès, les rôles de femme; leurs cantinières prêtaient généralement leurs garde-robes.

Parfois, c'était une soirée-concert, et j'ai entendu là des chanteurs qui n'auraient pas été déplacés sur une de nos grandes scènes.

Fréquemment aussi, pendant la représentation, le cri : *Aux armes !* retentissait; chacun alors se retirait précipitamment. Ou bien encore celui de : *Gare la bombe !* Les Russes, renseignés sans doute, essayèrent parfois de troubler les représentations en envoyant quelques bombes dans les environs du théâtre, mais sans succès; personne que je sache ne fut atteint par ces projectiles. Il y avait aussi, chose surprenante, *un bal !* Oui, un bal, où cependant la plus belle moitié du genre humain brillait par son absence; on n'en payait pas moins *dix francs* d'entrée !

Un certain industriel nommé Pugnaire eut l'idée d'installer à Woronzoff, petit village nommé par les Français Petit Kamiech, dans une grande baraque en planches, un café, genre cercle, où les officiers disponibles pouvaient se réunir. Ce café fut promptement envahi aussi par les officiers anglais, nos alliés, qui recherchaient beaucoup notre société, mais que nous ne recevions parmi nous qu'avec une certaine froideur, enfin sans enthousiasme.

Presque tous ces officiers anglais avaient de la fortune et affectaient de dépenser beaucoup, surtout en buvant à flots du *champagne,* lequel leur était vendu six francs la bouteille, et il n'avait rien de commun, je l'affirme, avec celui de Mme veuve Clicquot. C'était tout bonnement de la limonade gazeuse, peut-être un peu mieux bouchée que d'habitude, mais elle n'était certainement pas des environs de Châlons ni de Reims.

Comment a-t-on créé le bal en question? Je ne sais, mais ce qu'il y a de sûr, c'est que j'y suis allé plusieurs fois. J'ai en ce moment sous les yeux *deux* des prospectus *illustrés* par les loustics et la presse des zouaves, lesquels prospectus étaient alors adressés aux officiers comme invitation : ils représentent quelques scènes de bal et de cabaret, avec des officiers *très mélangés* de costumes : français, anglais et sardes. On y remarque également quelques cantinières et des officiers anglais affublés d'oripeaux féminins, burlesques et dénués... de *distinction!*

Voici le libellé desdits prospectus :

MESSIEURS,

Vous êtes invités à assister au bal de souscription qui aura lieu dimanche 20 du courant, au cercle de MM. les officiers, tenu par M. Pugnaire, à Woronzoff.

Une surprise sera réservée pour les dames.

Recevez, Messieurs, l'assurance de mes salutations bien sincères.

LE BAL COMMENCERA A NEUF HEURES.

Le premier hiver (1854-1855) fut très rude pour nos pauvres soldats, qui manquaient de bien des choses et étaient réduits aux strictes et maigres rations de l'administration, et puis absence totale de bois de chauffage; mais à partir de mars, avril, la situation s'était améliorée; on commença à recevoir ce qu'on appelait alors les *dons patriotiques* venant de France.

Nous fûmes tous très touchés et très reconnaissants de ces dons, de toutes ces bonnes choses envoyées par nos compatriotes, mais, hélas! elles arrivèrent bien tardivement et elles passèrent par tant de mains avant de parvenir *dans celles des malheureux soldats,* que souvent elles étaient gâtées, inutilisables et si... *mesquines,* que personne n'en voulait. Le chocolat, par exemple, fourni cependant par un de nos grands industriels parisiens,... n'était pas mangeable, le chocolat, *pas le grand fabricant.*

Nous reçûmes une fois *un* quart de litre d'absinthe pour tous les officiers du régiment. Nous eussions préféré une bonne paire de chaussons ou un caleçon en bonne laine.

Les mercantis espagnols, maltais et juifs de toutes nations arrivèrent ensuite, et, moyennant grosse finance, nous pûmes nous offrir quelque supplément. Pour trois francs nous avions un artichaut ; quatre francs, une livre de bougie ; deux francs cinquante, une main de papier écolier ; cinq francs, une petite fiole d'huile d'olive, et le reste à l'avenant. Les boîtes de sardines surtout faisaient fureur. En avons-nous consommé de ces petits poissons huilés ! On était arrivé à faire des tuyaux de poêle et de cheminée avec les boîtes.

L'été de 1855 fut très chaud en Crimée, et il était assez pénible de rester constamment en plein soleil. L'eau n'était pas en grande abondance sur le plateau du siège, et il fallait la ménager. Cependant, depuis la prise du Mamelon Vert, il était urgent de nous laver des pieds à la tête en descendant de garde de tranchée, car, il faut le dire, les Russes, en évacuant les tranchées conquises, nous laissèrent d'autres ennemis *piquants* ou *mordants* qui, tout en cherchant à se dissimuler dans nos vêtements et dans les cheveux des assaillants *chevelus*, étaient difficiles à vaincre, car ils étaient plus nombreux certainement que *les défenseurs de Sébastopol!*

Le 15 août arriva ; ce jour, on s'en souvient, était fête nationale. Une grand'messe fut dite au camp, et on augmenta un peu la ration de viande de conserve ou fraîche, on distribua un quart de vin à chaque homme, et voilà la fête ! Les Russes connaissaient cela, et, ayant bonne opinion de nous, ils se dirent : « Les Français font leur grande fête le 15 août, par conséquent, le lendemain, ils seront fatigués, endormis, peu disposés à se battre ; eh bien, nous allons les attaquer à la pointe du jour et nous les bousculerons certainement.

En effet, le 16 août avant le jour on entendit, du côté de la Tchernaïa et de Traktir, un bruit très prononcé de voitures d'artillerie, de caissons, ainsi qu'un grand cliquetis d'armes. On en prévint le quartier général.

Au bas de notre plateau, du côté de la rivière Tchernaïa, nous avions construit une petite redoute en terre, et chaque jour elle était occupée par une demi-compagnie, sous le commandement d'un officier. Cette nuit-là, c'était un de mes camarades nommé Joliot, lieutenant au 16e léger, qui était de garde.

A l'approche de l'ennemi, cet officier prit promptement ses dispositions de défense et donna l'éveil partout. On courut aux armes, et au lieu de nous surprendre, ce fut l'ennemi qui le fut bien désagréablement, comme on va le voir.

Le camarade Joliot, avec ses quarante ou cinquante hommes, fit si bonne contenance qu'il arrêta, pour ainsi dire, toutes les têtes de colonne ennemies, qui cherchaient sur un grand nombre de points à traverser la rivière, peu large mais assez profondément encaissée dans cet endroit, au moyen de planches et d'échelles. Pendant ce temps, nos troupes arrivèrent, et du haut de la falaise du plateau d'Inkermann, qui domine tout le cours de la Tchernaïa, on ouvrit un feu d'enfer sur les colonnes russes, qui ne purent, malgré tous leurs efforts, dépasser la susdite redoute. Les projectiles de leurs batteries d'artillerie, placées sur les hauteurs, de l'autre côté de la rivière, et spécialement de celles nommées par nos soldats : Gringalet et Bilboquet, n'arrivaient qu'avec peine jusqu'à nous ; chaque coup de canon amenait une plaisanterie de nos guerriers, dans le genre de celle-ci : « Oui, va, mon vieux, mouche-toi ; tu n'as pas même la force de venir jusqu'ici. — Tiens, disait un autre, je te parie que ces batteries-là sont desservies par des Polonais ; ce sont des amis, ils ne veulent pas nous faire de mal ! »

Mon régiment venait, ainsi que d'autres, d'être rappelé de la tranchée où il était de garde. Il fut placé en réserve, devant être employé suivant la tournure que devait prendre la bataille, mais nous ne pûmes qu'assister à la retraite de l'armée russe, qui se repliait sous la protection de ses fameuses batteries et sur laquelle nos canons tiraient sans relâche. On lançait également sur elle des fusées à la congrève ; ces fusées emportaient d'assez gros obus qui éclataient bien souvent juste au-dessus ou au milieu des bataillons massés et leur faisaient éprouver de grandes pertes. C'est ce système de fusées, à peu de chose près, qui vient de faire tant de bruit (1894) et qui était présenté par le fameux Turpin, le chimiste inventeur de tant de choses semblables, nous menaçant aussi de vendre son invention aux Allemands et autres.

Enfin, l'armée russe se retira en laissant beaucoup des siens sur le terrain. Nos pertes furent relativement insignifiantes, grâce surtout aux défenseurs de la petite redoute. Le lieutenant Joliot fut fait prisonnier avec quatre de ses hommes, les derniers qui restaient debout. Il fut porté à l'ordre de l'armée. Je le rencontrai plus tard, à son retour de captivité, et je ne le revis plus; je ne sais ce qu'il est devenu.

Pendant longtemps encore, on retrouva des cadavres russes dans le lit de la Tchernaïa et dans les environs de la redoute. Ainsi finit cette fameuse surprise du 16 août, qui pour nous devint une revanche de notre échec du 18 juin.

Pendant la deuxième quinzaine d'août, on poursuivit énergiquement les travaux d'approche. Les Anglais s'avançaient lentement sur le grand redan, à notre gauche, et les Sardes, avec leur cavalerie, étaient en grand' garde à notre droite, surveillant la plaine où l'armée russe venait d'être battue, ainsi que la contrée de Baïdar, assurant ainsi notre sécurité de ces côtés. Sur certains points des tranchées, nous étions si rapprochés des Russes que nous nous entendions parler; bien souvent même, nous échangeâmes avec nos adversaires quelques phrases en français.

Les premiers jours de septembre arrivèrent; le service des tranchées devint très difficile et très dangereux; c'étaient continuellement de véritables combats, des fusillades interminables, et des deux côtés on perdait beaucoup de monde. Les Russes employaient spécialement les petites bombes, qu'ils nous envoyaient avec des petits mortiers portatifs qu'ils ne chargeaient que d'une pincée de poudre, juste ce qu'il fallait pour faire rouler lesdites bombes jusque dans nos tranchées, de sorte que bien souvent on ne les entendait ni on ne les voyait arriver, et leur éclatement, qui nous surprenait, n'en produisait pas moins parfois de grands dégâts.

L'ennemi nous envoyait aussi fréquemment des paquets ou volées de grenades, mais elles ne produisaient pas beaucoup d'effet et personne n'en était effrayé. Nos batteries, armées de pièces de 24 en bronze, s'étaient rapprochées et tonnaient au-dessus de nos têtes avec un bruit strident, métallique, qui fatiguait sensiblement le tympan des assiégeants. Tout indiquait que le dénouement n'était pas éloigné.

Enfin, le 7 septembre au soir, quelques-uns d'entre nous furent discrètement avertis que c'était pour le lendemain.

Les généraux, ainsi que les chefs de corps, furent appelés au quartier général, où les uns et les autres reçurent des instructions pour le lendemain. Le plus grand secret devait être gardé.

Combien furent-ils ceux qui dormirent paisiblement pendant cette nuit du 7 au 8 septembre 1855?

Le lendemain matin, les ordres de détail furent donnés en temps opportun. Nous devions prendre les armes, de manière à être à nos places de combat à onze heures et demie du matin.

Toutes les montres furent réglées sur l'heure du quartier général. Toutes les bouches à feu de l'attaque française et anglaise devaient exécuter un tir non interrompu, c'est-à-dire un bombardement général de onze heures trois quarts à midi précis. A midi, tout devait cesser, et nous devions alors nous élancer à l'assaut.

Le centre, dont le 11ᵉ léger faisait partie, avait pour objectif Malakoff et la courtine reliant cette forteresse au petit redan. L'aile droite était chargée du petit redan et les Anglais du grand redan. Ces trois points étaient mis en état de défense d'une façon remarquable, entourés de fossés très profonds, les parapets crénelés et défendus par une artillerie formidable. La courtine (objectif spécial de mon régiment) formait une courbe rentrante, un peu en contre-bas du terrain que nous occupions, et était protégée en avant par une série de trous de loup (excavations d'environ un mètre cinquante de profondeur, garnies d'un piquet fixé au milieu, la pointe en l'air). Cette courbe rentrante était complètement garnie par une batterie d'une dizaine de pièces de gros calibre, lesquelles étaient pointées de façon à raser tout le terrain en avant d'elles. C'est là-dessus que le 11ᵉ léger allait s'élancer.

CHAPITRE IX.

Assaut de Malakoff. — Prise de Sébastopol. — Batterie Sutter. —
Grande revue. — Mon duel.

A midi moins un quart, le bombardement commença, et pendant un quart d'heure, *qui nous parut un siècle,* nous nous trouvâmes entre les deux partis d'artillerie; il pleuvait littéralement du fer et du plomb sur nous; les éclats des bombes et des obus nous revenaient en grande partie, et plusieurs hommes en furent atteints. Mais, quel bruit infernal, énervant, assourdissant! C'était à se croire sur un navire de guerre au moment où il lâche toutes ses bordées. Il y avait de quoi devenir sourd.

Un lieutenant de nos camarades, qui n'avait pas eu le temps de déjeuner, prit à la hâte, pendant ce quart d'heure inoubliable, quelques réconfortants; il nous offrit de vider avec lui la bouteille de vin qui lui avait été apportée. Nous nous trouvâmes *sept* à y goûter. Vingt minutes plus tard, nous ne restions plus que *deux vivants!*

Au signal donné par une fusée aux feux tricolores, la canonnade cessa comme par enchantement. Chacun avait avec soin préparé son passage pour sortir de la tranchée; aussi, en moins de temps qu'il n'en faut pour le raconter, nous étions au-dessus de nos parapets et nous nous élancions à l'assaut au pas de course. Je ne puis bien indiquer ici que ce que j'ai vu et l'action à laquelle j'ai pris part.

J'ai dit que le terrain que nous avions à parcourir (deux cents mètres au moins) était en pente; aussi étions-nous déjà très rapprochés de la courtine lorsque les artilleurs ennemis, qui s'étaient abrités sans doute pendant le quart d'heure de bombardement, purent nous envoyer leur première décharge. Presque tous leurs coups portèrent heureusement au-dessus de nos têtes, mais, par contre, atteignirent un grand nombre d'hommes de la garde impériale qui nous servait de réserve et qui franchissait en ce moment nos tranchées.

Les susdits artilleurs n'eurent pas le temps de recharger leurs pièces; nous escaladâmes la batterie, et alors eut lieu là une mêlée atroce, un combat corps à corps terrible. Chacun attaquait et se défendait avec ce qu'il avait sous la main. Les canonniers se servaient de leurs écouvillons, des pinces en fer, des outils, pioches, pelles; tout leur était bon; nos soldats faisaient de même et ne prenaient pas le temps de recharger leurs fusils; lorsque la baïonnette refusait son office, c'était avec la crosse qu'ils brisaient la tête aux défenseurs ! Bien près de moi combattait un héros que j'ai admiré : c'était notre tambour-major qui, avec sa grosse canne à pomme d'argent, assommait un Russe à chaque coup; mais, hélas ! il fut tué, lui aussi, par un coup de barre de fer qui lui fut appliqué sur la tête par un artilleur dissimulé derrière un gabion. Celui-là, je l'abattis d'un coup de mousqueton que me prêta un de nos clairons.

Que de sang répandu ! Quelle boucherie, grand Dieu ! Dire qu'il faut si longtemps pour faire un homme, un officier, un général, et qu'il est sitôt abattu ! Que de braves gens, que de vaillants camarades, que de bons amis tombèrent là, glorieusement, à leur place de bataille, pour notre chère patrie, pour l'honneur de notre drapeau, nous laissant le triste soin de les relever et de les venger !

Les renforts arrivèrent, et nous restâmes maîtres

du terrain conquis. Il en fut de même à notre gauche. Malakoff, cette formidable forteresse tant convoitée et qui nous avait fait tant de mal, car nuit et jour elle vomissait par tous ses pores le fer et le plomb qui firent tant de victimes dans nos rangs, Malakoff, enfin, était à nous! C'est à ce moment que l'héroïque général de Mac Mahon fit cette superbe réponse à un officier du quartier général qui venait demander où en était le combat : « Dites au général en chef que je suis dans Malakoff et que j'y resterai! » Réponse digne d'être enregistrée par l'histoire.

Là aussi nous avions subi de grandes pertes, mais enfin nous étions vainqueurs! Malheureusement, à notre droite, la colonne d'attaque n'avait pas complètement achevé sa préparation à l'heure prescrite; elle ne put par suite produire tout son effet, et son attaque échoua.

Du côté des Anglais, il en fut de même; nos braves alliés se portèrent à l'attaque du grand redan en masse, alignés et avec la même allure que sur un terrain de manœuvre. Aussi les malheureux se firent décimer, écharper, mitrailler et bousculer comme des capucins de cartes. Cela, sans arriver auprès de leur objectif.

Avec Malakoff nous tenions la clef de la position ; aussi ce fut avec une ardeur fébrile qu'on retourna les pièces conquises, les parapets et les embrasures, dans la crainte d'un retour offensif de l'ennemi, qui en effet le tenta, mais sans succès.

Jusqu'à la nuit notre situation fut assez baroque ; par Malakoff et la courtine nous entrâmes chez nos ennemis comme un coin dans une souche de bois, laissant à nos ailes deux ouvrages très fortifiés qui ne purent être enlevés et qui, par conséquent, restèrent en arrière de nous ; nous pouvions ainsi réciproquement nous tirer dans le dos.

Nous fûmes appelés, nous, la poignée d'hommes qui restaient debout du 11ᵉ léger, à renforcer les troupes de Malakoff. Nous nous comptâmes à ce moment. Il restait cinq officiers et, je crois, une soixantaine d'hommes. Tous les autres étaient hors de combat. Notre colonel de Berthier avait le bras droit fracassé par une balle. Ce nombre devait encore diminuer une heure plus tard. Parmi les cinq officiers se trouvait mon ancien lieutenant Ragot, alors capitaine, trois lieutenants ou sous-lieutenants et moi.

Nous étions exténués et nous mourions de soif. Enfin, à un certain moment, je causais avec un de mes camarades ; nous étions assis tous deux avec quelques-uns de nos hommes sur un ancien magasin à poudre russe, dans la tour même, lorsque ceux de nos ennemis qui occupaient le fort du Nord, de l'autre côté de la Tchernaïa, commencèrent à nous envoyer des bombes, qui arrivaient si bien jusqu'à nous, que l'une d'elles enfila l'entrée du susdit magasin à poudre, éclata et causa l'explosion du maudit magasin.

Je ne sais au juste ce qui se passa ; je fus projeté tant soit peu en l'air, avec ceux qui se trouvaient là, ainsi que les madriers formant abri ; enfin tout ce qui composait cet infernal établissement sauta et fut éparpillé. Je retombai avec un trou à la tête, la jambe droite très contusionnée et couvert de sang et de boue. Je fus presque entièrement recouvert par les débris, et, d'après ce que je sus plus tard, il paraît qu'il était temps de me retirer de cette fâcheuse situation. J'avais perdu connaissance, étant presque assommé. On me fit reprendre mes sens et l'on put constater que ce que j'avais de plus grave était mon trou à la tête. Mais, on le sait, les blessures à la tête tuent promptement, ou alors ne sont pas bien sérieuses. Dix jours après j'étais debout et convalescent.

Je me souviens qu'il fallut un certain temps et beaucoup de précautions pour arriver à décoller mes cheveux imprégnés de sang coagulé. Je dus m'estimer heureux d'en être quitte à si bon compte.

C'est en me rendant à l'ambulance, accompagné de mon ordonnance, que je remarquai un de nos soldats assis sur le revers d'une tranchée, tenant son fusil entre ses jambes et qui me parut si calme que je l'interpellai ainsi : « Que faites-vous là? lui dis-je d'un ton moitié colère. Vous restez là pendant que les camarades sont en avant et combattent, bougre de... »

Lorsque j'eus fini mon interpellation, cet homme me dit avec une douceur et sur un ton qui me frappèrent : « Mais, mon lieutenant, regardez donc ma jambe! » Je m'approchai et je vis que ce malheureux, ce héros, devrais-je dire, avait tout bonnement la jambe gauche coupée un peu au-dessous du genou... elle ne tenait plus que par un simple lambeau de peau et était retournée, le talon en avant!

J'éprouvai alors une émotion violente; j'aurais voulu embrasser ce pauvre garçon. Je lui demandai pardon de mon erreur et je l'envoyai chercher dès mon arrivée à l'ambulance.

Je crus avoir affaire à un de ces mauvais soldats qui se défilent dans les moments difficiles et qui restent en arrière, puis reparaissent après le combat. Ils sont rares dans l'armée française, heureusement, mais enfin, on en rencontre quelquefois. Toujours est-il que je quittai ce jeune soldat (qui n'avait pas encore de moustaches) les larmes aux yeux et plein d'admiration, car ce vaillant me laissait passer sans même attirer mon attention.

La nuit suivante fut relativement calme ; afin de donner le change, les Russes des forts continuèrent à lancer quelques bombes, mais ceux qui tenaient encore les redans les évacuèrent dans le plus grand silence, et, le lendemain matin, on fut très étonné de n'y plus voir un seul défenseur.

Leurs navires servirent de ponts pour opérer la retraite et passer d'une rive à l'autre de la rade. Les forts qui protégeaient le port de Sébastopol furent de même évacués et la flotte russe coulée dans la rade, fermant ainsi l'entrée du port.

Je dus garder le lit pendant quelques jours ; c'est pendant ce temps qu'une suspension d'armes eut lieu afin d'enterrer les nombreuses et malheureuses victimes de cette guerre regrettable, entreprise inconsidérément dans l'intérêt de qui? La

France n'était pas en jeu directement, et qu'en a-t-elle récolté? Que d'hommes et de millions furent engloutis dans ce long siège, et cela sans le moindre profit pour elle!

Quinze jours après l'assaut de Malakoff, on retrouvait encore dans des endroits écartés et sous les décombres des maisons, écroulées pendant le bombardement, des cadavres non aperçus tout d'abord et qui, en putréfaction, viciaient l'air et devenaient un dangereux voisinage.

Dès le commencement du siège, nous avions placé une batterie d'artillerie sur une élévation de terrain dominant tant soit peu Malakoff et qui pouvait atteindre la ville même de Sébastopol, mais il fallait des pièces spéciales, de gros calibre, les enterrer et les tirer avec double et triple charge. Cette batterie portait le n° 1 ; elle était commandée par un brave capitaine nommé Sutter, qui avait pour ainsi dire carte blanche, afin d'en tirer le meilleur parti possible.

Étant à peu près à l'abri des coups de l'ennemi, le capitaine Sutter s'était complètement installé dans sa batterie, qui prit bientôt une importance considérable et un grand développement. Il avait là au moins une douzaine d'énormes pièces qu'il avait baptisées, on ne sait pourquoi : *Caroline, Augustine, Catherine, Ernestine, Marguerite*, etc. Il eut un jour une scène assez drolatique. Un général quelconque, passant à portée de la batterie Sutter, alla la visiter. Le général arrive et demande aux artilleurs : « Où est votre capitaine? — Le voilà », lui dirent-ils en lui indiquant un bonhomme en pantalon d'artilleur, il est vrai, mais en veston, en sabots et en bonnet de coton, lisant un journal dans un coin. « C'est vous le commandant de cette batterie? demanda le général. — Oui, mon général. — Diable! mais, dit ce dernier, comment vos hommes vous reconnaissent-ils dans cette tenue? — Comment? Vous allez voir ça, répondit le capitaine. — Allons, vous autres, dit-il à ses canonniers, à vos pièces », et une minute après : « *Caroline,* feu! *Augustine,* feu! *Ernestine,* feu! » et ainsi de suite jusqu'à la dernière pièce.

Le général, abasourdi et assourdi, court encore.

Il est bon de répéter que ces pièces de gros calibre, presque toutes en bronze, chargées outre mesure, faisaient un bruit d'enfer; elles lançaient même fréquemment des boulets rougis au feu pour provoquer des incendies dans Sébastopol (on ne connaissait pas encore, à cette époque, les obus à pétrole, à mélinite, panclastite et autres, dont on se sert aujourd'hui).

Le père Sutter, c'est ainsi que nous l'appelions alors, faisait tant de mal à l'ennemi avec son tir infernal que, chaque fois qu'il lançait une *bordée* sur la ville, on entendait les Russes pousser de grands cris, d'avertissement sans doute, mais qui étaient très significatifs. Du reste, tous ceux qui ont vu Sébastopol après le siège, ont constaté les effets produits par les projectiles de la fameuse batterie Sutter. Les toits, les murs, les édifices, tout était effondré, et le peu qui en restait était perforé comme de la dentelle.

Jusqu'à l'armistice, nous fîmes le service de garde dans la ville conquise et dans ses environs. On continuait cependant à échanger des coups de canon, des bombes surtout, sans se faire beaucoup de mal. Quelques fusillades eurent lieu également entre les avant-postes des deux parties, mais elles furent rares, et déjà à cette époque on put constater une sympathie mutuelle, un grand désir de fraterniser, car sur plusieurs points, et en dépit des ordres donnés par les états-majors, les adversaires se donnèrent des poignées de main, s'offrirent du tabac, des cigares, etc., au lieu d'échanger des coups de fusil.

J'eus même l'idée, imprudente il est vrai, d'aller avec mon sous-lieutenant (je venais d'être promu lieutenant pour faits de guerre), d'aller, dis-je, visiter la batterie russe *Bilboquet*, dont j'ai déjà parlé. Les artilleurs de cette batterie, nous apercevant près de la Tchernaïa, nous firent signe de monter auprès d'eux. Nous y allâmes en toute confiance, et, dès notre arrivée, ils nous conduisirent auprès de leur capitaine, qui était au lit, malade.

« Oh! messieurs, nous dit-il en excellent français, je suis bien heureux de vous voir et j'ai bien regret de ne pouvoir vous recevoir comme je le voudrais; permettez-moi de vous presser la main. Nous fûmes réellement très touchés de cet accueil, et nous lui serrâmes la main bien cordialement, je l'affirme. Il ajouta : « Il est défendu de vous recevoir avant la signature de la paix, mais je suis si heureux de votre visite, que je brave la consigne. »

Il nous confia ensuite qu'il avait fait une grande partie de ses études à Paris et qu'il aimait beaucoup les Français. Comme nous, il déplorait cette guerre..... Il nous fit servir un peu de whisky, par des soldats obéissant au signe, au moindre geste, avec un profond respect pour leurs chefs et pour nous également.

Nous nous quittâmes très émus, avec l'espérance et le grand désir de nous revoir.

Ce fut à cette époque qu'eut lieu, sur le plateau d'Inkermann, la grande revue de toute l'armée anglaise et française. Revue remarquable, sous tous les rapports : nombre, variété des costumes, correction du défilé, etc.

Tous les Anglais étaient vêtus d'habits neufs, les généraux et leurs états-majors couverts de dorures et panachés d'une façon incroyable. Tout cela raide, correct, réglé. J'ai vu des pelotons de leurs grenadiers, avec bonnets à poil, de plus de cent files de front, défiler alignés comme au cordeau, et cela à une allure lente, cadencée et rythmée par des tambours, des fifres et surtout un grand nombre de grosses caisses. Les Russes, du haut de leurs montagnes voisines, contemplaient cette brillante revue, qui dura au moins quatre heures.

Quelques jours après, de grandes courses de chevaux eurent lieu sur le même plateau. L'armée anglaise surtout était en liesse et cherchait plus que jamais à fraterniser avec nous, mais selon l'habitude nous restâmes froids, indifférents.

Il n'en fut pas de même avec les Russes, qui, comme pour la revue, devaient rester dans leurs positions respectives, mais qui ne purent résister à la tentation de se rapprocher de nous. Il me semble encore les voir prendre leur élan et au pas de course descendre de leurs montagnes par milliers, pour venir nous serrer la main.

Une heure après, nous avions, mon sous-lieutenant et moi, quatorze officiers russes dans notre tente. Nous invitâmes ces messieurs à partager notre repas du soir; ils acceptèrent, et d'autres camarades français vinrent nous rejoindre. Il est superflu d'ajouter que l'on but à la santé des uns et des autres et... à la paix.

Nous fraternisâmes tellement, que plusieurs officiers russes voulurent endosser nos tuniques françaises; quelques-uns des nôtres mirent alors les capotes de nos *amis ennemis*, mais il advint qu'un capitaine russe, grincheux, vieux ratapoil, disaient les jeunes, devint furieux et gronda vertement un jeune lieutenant, son compatriote, parce que celui-ci avait endossé la tunique d'un des nôtres sur laquelle était placée la croix de la Légion d'honneur. Il disait en russe, à ce jeune lieutenant : « Qu'il n'était pas encore digne de porter cet insigne de l'honneur français... » Nous eûmes beaucoup de peine à faire entendre raison à ce bon vieux grognard qui ne voulait pas en démordre.

Enfin, nous les traitâmes de notre mieux, et ils nous avouèrent que notre vie matérielle était bien supérieure à la leur, qu'il leur manquait beaucoup de choses qu'ils ne pouvaient se procurer même en les payant fort cher.

Pendant de longues années j'ai conservé des relations avec un de ces messieurs, jeune officier d'état-major qui parlait très bien le français et avait vécu pendant quelque temps à Paris, puis notre correspondance cessa, et je ne sais ce qu'il devint.

L'hiver 1855-1856, de même que le précédent, fut très rude; nos hommes étaient obligés bien souvent de faire le service des avant-postes en sabots et avec la peau de mouton par-dessus la criméenne. La peau de mouton était portée au moyen de deux courroies, l'une derrière le cou, l'autre à la ceinture. La criméenne était l'ancienne capote du soldat, augmentée d'une pèlerine qui couvrait le cou et les épaules.

Les officiers se servaient également de ce dernier vêtement, car les tuniques étaient usées et n'importe à quel prix on ne pouvait s'en procurer de neuves. Généralement les nouveaux promus achetaient celles des officiers tués.

Nous avions creusé le sol sous nos tentes, et, au moyen de vieux tuyaux de poêle et de vieilles boîtes à sardines, nous fabriquions des cheminées dans lesquelles nous brûlions les débris de meubles, chaises, tables, pianos, fauteuils et autres, rapportés de Sébastopol.

Le froid était si intense que beaucoup de nos hommes, malgré toutes les précautions prises, eurent les pieds gelés étant en faction, d'autres la figure.

Enfin la paix fut signée, et nos troupes commencèrent à rentrer en France. Je fus nommé lieutenant de carabiniers et je pris le commandement de ma compagnie, mon capitaine ayant été blessé et évacué en France.

Ce fut à cette époque que les vingt-cinq régiments d'infanterie légère furent transformés en infanterie de ligne et prirent rang à la suite des soixante-quinze anciens régiments de ligne. Le 1ᵉʳ léger devint le 76ᵉ de ligne, le 2ᵉ léger le 77ᵉ, et ainsi de suite. Mon régiment, 11ᵉ léger, prit donc le n° 86 de ligne. Cette transformation fut très sensible aux régiments légers, qui avaient une tenue plus coquette, un armement plus léger, plus commode, enfin un grand esprit de corps.

Nous avions alors plus de loisirs et nous en profitions pour aller à Kamiech assister à l'embarquement de nos camarades qui rentraient en France les premiers.

C'est au retour d'une de ces excursions faites à cheval, qu'à propos d'une futilité, je me pris de querelle avec un de mes camarades du régiment, assez mauvaise tête et très prétentieux. Nous luttions de vitesse avec nos chevaux, et il prétendit arriver bien avant moi au village de Woronzoff. Ce fut le contraire qui eut lieu. De là une discussion, un échange de mots plus ou moins vexants et un duel pour le lendemain. Les témoins désignés jugèrent que la chose n'était pas bien grave et décidèrent que nous viderions notre querelle sur le terrain, avec nos sabres d'ordonnance. Nous nous rendîmes dans le ravin de Karabelnaïa, et on nous mit en main à chacun un sabre d'un des témoins, sabre aiguisé et qui pouvait devenir une arme assez dangereuse. On nous défendit les coups de pointe et de tête.

Mon adversaire était un fort gaillard, très musclé, et qui ne comprit pas très bien la défense faite, j'aime à le croire; toujours est-il qu'à peine placés l'un en face de l'autre et habit bas, il me porta un coup de tête qui infailliblement devait m'ouvrir le crâne, si je n'étais venu à la parade. Immédiatement les témoins voulurent s'interposer, mais ils ne le purent sans danger, car, exaspéré par la transgression des conventions dont mon adversaire venait de se rendre coupable, je courus sur lui en sabrant un peu aveuglément. D'un coup de banderolle, je lui fis un joli sillon sur la poitrine, et d'un second coup je lui coupai à moitié un doigt de la main droite. Je crois que je l'aurais abattu et tué comme un animal féroce; mais on réussit à nous séparer.

J'avais, moi aussi, reçu un coup de sabre sur l'avant-bras droit; juste comme un galon de sergent, mais je n'y songeais guère, je voulais exterminer mon faux camarade. On examina la lame du sabre qui avait reçu le coup de tête, et on constata qu'elle avait une entaille d'au moins un *centi-*

mètre de profondeur ! Ce qui ne fit pas rire le propriétaire de l'arme, qui nous dit, moitié souriant, moitié fâché : « J'en suis pour une lame de sabre. » Comme d'habitude, cela se termina par un semblant de réconciliation et un déjeuner chez le fameux Pugnaire dont j'ai déjà parlé.

Peu de temps après, mon adversaire quitta le régiment en passant capitaine et partit pour une colonie quelconque où il mourut très jeune. C'était un brave soldat, mais il n'était aimé de personne ; il passait pour trop courtiser l'autorité, qu'il approchait de trop près, disait la chronique.

Dans les premiers jours de mai 1856, nous reçûmes enfin notre ordre de rentrée en France. Nous restâmes à peu près les derniers de l'armée française sur le sol criméen. Nous nous embarquâmes sur un transport anglais ; le général Bourbaki, qui commandait une brigade de notre division, était des nôtres. Nous en fûmes très honorés et très heureux, car nous le connaissions de longue date. Il était adoré, spécialement des anciennes troupes d'Afrique, et, comme il avait expéditionné, étant colonel du 1ᵉʳ zouaves, pendant plusieurs années avec le 11ᵉ léger, il nous connaissait aussi et aimait beaucoup le régiment, au point de retarder son départ pour la France, voulant rentrer avec **nous.**

Il est bien entendu que le régiment avait été reconstitué, après la prise de Sébastopol, avec des éléments puisés au dépôt et des renforts reçus d'autres régiments de France.

Le voyage se fit dans de très bonnes conditions et ne dura qu'une quinzaine de jours, mais pendant toute cette traversée nous fûmes choyés, en un mot parfaitement traités par les officiers du bord. Les Anglais sont presque toujours à table. En dehors des trois grands repas, à chaque instant ils prennent quelque chose, du thé, du chocolat, de la salade, des sandwichs ou des gâteaux. Après le siège nous avions besoin de nous refaire; aussi faisions-nous honneur au régime réconfortant du bord.

CHAPITRE X.

Rentrée en France. — Avignon. — Carpentras. — Paris. — Guerre d'Italie (1859).

Nous débarquâmes à Marseille, et dès le lendemain nous partîmes par la voie ferrée pour Avignon. Les Avignonnais devaient, comme partout en France, nous faire une réception sympathique à notre arrivée, mais les pluies persistantes avaient grossi démesurément le Rhône, qui enleva plusieurs de ses digues, inonda les environs et même une grande partie de la ville et de ses casernes ; c'est le cas de le dire, la réception *tomba dans l'eau,* elle fut remise à plus tard. La ville ne pouvant plus loger tout le régiment, un bataillon fut envoyé à Carpentras ; j'appartenais à ce bataillon.

Carpentras ! petite ville tant... plaisantée, raillée par le *Figaro* et tant d'autres journaux plus ou moins mordants, cela ne nous disait rien de bon. Eh bien, je le déclare ici, j'ai beaucoup voyagé, j'ai pu apprécier, comparer mes garnisons, je soutiens que Carpentras fut peut-être ma meilleure. C'est une charmante petite ville, très gaie, où on aime le plaisir et la bonne chère; ses environs sont splendides; sa population, à cette époque (1856), était excellente, très accueillante, très hospitalière et tout à fait sympathique. On nous invitait aux noces, aux baptêmes, et c'était à qui logerait un officier. Malheureusement, notre séjour y fut court. On nous envoya à Caderousse, près d'Orange, où tous nos hommes furent employés à relever les digues emportées; pendant trois mois, il nous fallut encore *camper sous la tente,* dans la plaine qui venait d'être submergée et éloignés de toute habitation, village ou ferme, vivre en *popote,* toujours avec le système du débrouillez-vous.

Enfin, nous rentrâmes à Avignon, où nous restâmes pendant près de deux ans. C'était un excellent et planturaux pays où nous nous trouvions parfaitement. La troupe du théâtre était remarquable, les pensions y étaient excellentes et à des prix supportables. En un mot, nous en avons conservé un très bon souvenir.

En 1858, le régiment fut envoyé à Paris. Il occupa la caserne de Lourcine, derrière le Panthéon. Ce n'était pas précisément le plus beau quartier de la capitale. Tout le monde sait que les environs de la rue Mouffetard et de la place Maubert ne sont pas ce qu'il y a de mieux dans notre belle cité; mais enfin, pour mon compte, je me trouvais très heureux, après mes tribulations, de me retrouver dans ce vieux Paris que j'aimais et que j'avais quitté avec tant de regret. Et puis, j'y avais retrouvé d'anciens amis, quelques parents éloignés, qui m'avaient suivi par la pensée dans mes pérégrinations et qui étaient aussi très satisfaits de me revoir, déjà ancien officier, avec des campagnes et des blessures.

Vers la fin d'avril, les affaires de l'Italie avec l'Autriche se gâtèrent et nous fûmes assez... *bons* de nous en mêler. La guerre fut déclarée, et le 86e fut compris dans le corps d'armée du maréchal Niel, division Vinoy, brigade de La Charrière. J'habitais à Paris, rue des Bourguignons, dans la même maison qu'un capitaine de mon régiment, ex-tambour-major, homme très aimé, très estimé de tous et d'une taille colossale. En faisant tous deux nos adieux à notre propriétaire et à sa femme, cette dernière nous dit : « Oh! vous, monsieur le capitaine, vous reviendrez chef de bataillon, et vous, ajouta-t-elle en s'adressant à moi, vous remplacerez le capitaine! — Non, dit ce dernier, je suis trop grand, j'occupe trop de place, et une des premières balles sera pour moi. » Eh bien, cette prédiction s'est réalisée de point en point! Nous fûmes frappés tous deux à Magenta; le capitaine fut tué d'une balle en pleine poitrine au commencement de la bataille, et je le remplaçai comme capitaine, ainsi qu'on le verra plus loin.

Nous montâmes dans le train à la gare de Lyon; il nous transporta jusqu'à Chambéry. De là on nous dirigea sur Suze, par Saint-Jean de Maurienne, Modane, Lanslebourg et le Mont-Cenis, que nous traversâmes après avoir déjeuné au sommet, où existait une auberge et un couvent; on nous servit là du poisson excellent, tiré du lac de l'endroit, puis nous redescendîmes sur Suze, où le maréchal nous passa en revue. Le lendemain, le régiment se mit en route pour Novare, où nous restâmes deux ou trois jours, ensuite pour Borgho-Vercelli, où nous arrivâmes par un temps épouvantable; nous étions tous trempés jusqu'aux os. On nous arrêta dans la ville, et le général nous donna l'ordre de caser nos hommes le plus tôt possible dans les granges, dans les écuries, enfin partout où on pouvait les abriter.

Les habitants faisaient la grimace et montraient peu d'empressement à nous recevoir. Beaucoup même fermaient à clef leurs locaux et ne voulaient rien nous vendre; tout était cependant payé comptant, et nous avions réellement grand besoin de nous réconforter; mais dans cette contrée les indigènes nous paraissaient peu disposés à nous venir en aide. Cependant, c'était pour eux que nous étions là et que nous supportions ces misères!

Nous aurons encore l'occasion de constater le mauvais vouloir, je dirai même l'absence de patriotisme de ce peuple si ingrat et si dégénéré.

Le lendemain nous partîmes pour Valencia, où nous fîmes pendant quelques jours le service des avant-postes. Un pont magnifique était établi sur le Pô, qui en cet endroit est superbe et coule majestueusement, et nous séparait des avant-postes autrichiens. Ces derniers gardaient une extrémité du susdit pont, et nous l'autre; ils avaient essayé d'en faire sauter deux arches, mais ils n'avaient réussi qu'à moitié; malgré le bouleversement des piles, les piétons pouvaient passer quand même.

Quelques adroits tireurs autrichiens occupaient les petites maisons ou logettes placées de leur côté. Ils avaient eu l'idée de planter des pitons dans les murs de ces logettes, ce qui leur permettait de tirer sur appui en plaçant le fusil sur un de ces pitons et aussi sans se découvrir; leur tir devenait ainsi très dangereux, j'en ai fait l'expérience, et je vais dire une fois de plus que ma bonne étoile veillait sur moi.

De notre côté nous avions construit une barricade avec parapet, de toute la largeur du pont, et nous l'avions couronnée de sacs à terre comme à Sébastopol. Je venais d'envoyer une balle à nos adversaires, lorsqu'en relevant la tête j'en reçus une en plein dans mon képi. Comme cette balle, en traversant un sac à terre, me couvrit de poussière, mes camarades, ainsi que nos soldats, me crurent blessé, d'autant plus que mon susdit képi tomba à terre et que je secouai vigoureusement la tête, ayant de la terre dans les yeux et plein les cheveux. Mais rien! le képi seul était traversé et quelques cheveux étaient adhérents aux trous, très réguliers, faits par la balle autrichienne.

Mon lecteur va sourire si je lui dis que, le matin même de ce jour-là, j'avais reçu d'une de mes cousines dijonnaises *une image,* reproduction de la Vierge noire qui figure dans une des chapelles de notre belle église, Notre-Dame de Dijon, Vierge très vénérée des habitants, qu'elle sauva de la peste, dit-on, au siècle précédent. Cette image, je l'avais sur moi, ainsi qu'une petite médaille en argent représentant la même Vierge noire et provenant du même envoi.

Je laisse à chacun ses réflexions sur ce fait; toujours est-il qu'un centimètre plus bas je recevais la susdite balle autrichienne en plein front. Hélas! je devais en recevoir une autre au moins aussi dangereuse quelques jours plus tard.

CHAPITRE XI.

Magenta. — Blessure sérieuse. — Tribulations. — Novare. — Turin. — Retour à Paris.

Nous arrivons à la bataille de Magenta (4 juin 1859). Je ne m'arrête pas au combat de Palestro et autres, auxquels je n'ai pris aucune part.

Le 4 juin au matin, sans plan de bataille arrêté, du moins de notre côté, sans combinaison aucune, nos avant-gardes rencontrèrent l'ennemi en avant de Ponte di Magenta, village occupé par nos adversaires.

Ce village était en arrière d'un pont placé sur le Tessin et dont deux arches du côté de l'ennemi étaient détruites. Les Autrichiens avaient aussi établi une forte barricade formant tête de pont sur toute la largeur de la route; comme au pont de Valencia, deux maisonnettes, une de chaque côté et élevées d'un étage, étaient mises en état de défense et devaient protéger très efficacement les défenseurs du pont.

Dès que l'ennemi fut signalé occupant cette position, l'artillerie avança rapidement et établit ses batteries de façon à culbuter ces maisonnettes, d'où partait une fusillade très nourrie. On se procura à la hâte des planches et madriers, qu'on parvint à placer sur les arches démolies, et on lança les grenadiers et les voltigeurs de la garde impériale, en les faisant suivre des zouaves de la même garde. Leur élan, bien secondé par notre artillerie, brisa tous les obstacles, non sans éprouver des pertes sensibles, mais enfin les Autrichiens cédèrent et se retirèrent affolés dans le village et dans les fermes environnantes qu'ils fortifièrent hâtivement.

Ce fut à ce moment que mon régiment (86ᵉ) arriva au pas de course. Après avoir traversé le pont, nous occupâmes immédiatement les talus de la voie ferrée, tout en envoyant des feux de salve sur les bataillons ennemis qui manœuvraient assez loin dans la plaine.

Quelques instants après, je vis une chose assez baroque et comique. Une fois le pont traversé, les grenadiers de la garde reçurent probablement l'ordre de laisser, dans un champ voisin placé en contre-bas, *leurs bonnets à poil,* qu'ils rangèrent à peu près en ordre régulier, ce qui produisait un singulier effet. Or, les premiers prisonniers autrichiens pris dans les environs (une trentaine à peu près), que je vois encore, crurent un moment qu'il était prescrit de laisser là sa coiffure; alors tous en passant ôtèrent leurs bonnets ou casquettes de drap et les jetèrent auprès des bonnets à poil en question. On les leur fit reprendre, bien entendu, mais cela nous fit bien rire.

Les renforts continuèrent à arriver, et lorsque nous fûmes assez nombreux, on nous lança sur le village de Magenta. Je dis : *on* nous lança, car je ne sais de qui émanait cet ordre, qui ne faisait connaître ni l'objectif, ni la direction à suivre, rien enfin!

En passant je vis l'empereur Napoléon III qui, à quelque distance du village, la lunette à la main, regardait évoluer les Autrichiens et un bataillon de nos chasseurs à pied, qu'il venait d'envoyer de leur côté. Les balles sifflaient à ses oreilles et aux nôtres; c'est là, m'a-t-on dit, que Napoléon III reçut une balle à l'épaule qui lui coupa la bride de l'épaulette, mais sans le blesser. Je le crus, car au moment de notre passage, à quelques pas derrière lui, je suis certain de ne lui avoir vu qu'une épaulette. D'ailleurs, jamais personne ne lui a, je crois, contesté sa bravoure, et j'affirme que là où je l'ai vu il y avait réellement danger.

Nous arrivâmes au pas de course et dans un certain désordre au village, que les Autrichiens avaient essayé à la hâte de mettre en état de défense. Nous fûmes obligés d'essuyer leur feu de mousqueterie; leur artillerie était occupée ailleurs probablement. Enfin, nous fîmes le siège de chaque maison, de chaque étage, de chaque grenier, de chaque cour, surtout et spécialement de chaque cave, où nos ennemis s'étaient embusqués et d'où ils nous fusillaient par les soupiraux et par les lucarnes.

Que de luttes, que de combats corps à corps il nous fallut livrer avec ces grands gaillards, ces colosses autrichiens et tyroliens! Tous ceux que j'ai vus, morts ou vivants, m'ont paru énormes. Dieu, quel égorgement, quelle tuerie, dans ces greniers, dans ces caves sombres, où on se voyait à peine! En avons-nous tué! En avons-nous assez exterminé de ces malheureux, qu'on retrouvait en tas dans les cours, dans les coins où ils se retiraient pour mourir!

Mais combien en avons-nous laissé des nôtres dans ce carnage, dans ces tueries affolées, où l'odeur de la poudre, la vue des camarades tués et des blessés sanglants, l'excitation effrénée vous grise, vous domine complètement et vous enlève pour ainsi dire tout sentiment humain! Il faut avoir passé par là pour s'en rendre compte.

Quel fut le nombre des pertes de chaque côté? Je ne le connais pas. Et qui peut dire qu'il le connaît? On signale bien les généraux, les colonels, les officiers supérieurs et peut-être les autres officiers qui tombent, mais... la troupe, les malheureux soldats qui disparaissent, et souvent d'une façon héroïque, qui peut en faire connaître le nombre *vrai?* Surtout lorsque la guerre dure un certain temps et que les batailles ou combats se succèdent à bref délai.

Aujourd'hui la vérification serait relativement beaucoup plus facile, parce que chaque soldat est porteur, en temps de guerre, d'une plaque dite d'identité, sur laquelle figurent son nom, son numéro matricule, ainsi que celui de son régiment. Les recherches sont donc rendues beaucoup plus faciles, mais, en 1859, cela n'existait pas encore.

Vers quatre heures du soir, le village était

enlevé; nous étions maîtres de la position, mais l'ordre était loin d'être rétabli. Nous étions là, pêle-mêle, attendant des ordres qui n'arrivaient point.

Le général Ladrey de la Charrière vint auprès de nous et remarqua une certaine ferme, située à sept ou huit cents mètres de nous, qui nous envoyait une fusillade assez intense. Il fit pointer deux de nos petites pièces de *quatre*, qui étaient si appréciées alors, sur ladite ferme et lança cinq ou six obus dans cette direction, en nous disant : « Allons, les enfants, ceux qui sont là, partez, allez m'enlever cette ferme que vous voyez là-bas ! » Nous partîmes une soixantaine environ, avec deux autres officiers de mon régiment, dont mon sous-lieutenant. Les défenseurs de la ferme nous aperçurent sans doute, ainsi que d'autres Autrichiens, car à peine lancés dans la direction indiquée, nous fûmes assaillis par une grêle de balles et d'obus venant de tous côtés.

Nous étions obligés de traverser un terrain difficile, des vignes en grande partie, lesquelles sont dans ce pays cultivées en espalier au moyen de poteaux et de fils de fer, qu'il fallait franchir à chaque pas et qui formaient des obstacles insurmontables à l'artillerie comme à la cavalerie.

A chaque instant nos hommes étaient frappés, et, je le répète, nous n'étions tout d'abord qu'une soixantaine. Enfin, je fus de ceux qui purent arriver jusqu'à cette maudite ferme. En y arrivant, j'essayai avec mon sous-lieutenant et cinq ou six hommes d'y entrer par une des portes maraîchères, en la culbutant, mais elle résista; nos ennemis étaient derrière. Cette porte s'entr'ouvrit assez cependant pour permettre à un officier autrichien de me tirer un coup de pistolet qui m'égratigna la tempe gauche. J'eus toutefois la présence d'esprit de lui casser la tête aussi à bout portant, en ripostant immédiatement d'un coup du pistolet que je tenais à la main. Je le vis tomber, mais nous étions trop faibles et la porte se referma.

J'appris (plus tard) que trois compagnies d'infanterie autrichienne s'étaient fortifiées dans cette maudite ferme, qui fut enlevée cependant, vers *huit heures du soir,* et tous les défenseurs furent faits prisonniers.

Je reviens à l'attaque.

Tout autour des bâtiments les Autrichiens fusillaient nos hommes par les soupiraux des caves et par les créneaux qu'ils avaient établis dans les murs. Quelques renforts nous arrivèrent.

C'est alors que je voulus brusquer l'entrée par les deux portes à la fois. Je m'entendis avec mon sous-lieutenant et le chargeai d'opérer par la porte que je venais de quitter. Je me rendis à l'autre et, avec quelques hommes décidés, nous essayâmes de l'enfoncer. Nous allions réussir, je crois, lorsque je reçus un coup de fusil d'un créneau que nous n'avions pas remarqué à deux pas de nous.

Je tombai : la balle m'avait atteint au sommet de la jambe droite, à hauteur du femur, qu'elle ne fit qu'effleurer heureusement, traversa la cuisse puis les parties en coupant un des cordons des testicules et enfin ressortit par la cuisse gauche.

Au moment où je fus frappé, je ressentis une douleur très vive, brûlante même, dans tout le bas-ventre ; je tombai assis, mais sans perdre connaissance, mes *dents claquaient,* le sang sortait à gros bouillons. Un de mes camarades, qui me vit tomber, accourut et essaya de me verser avec sa gourde quelques gouttes d'eau-de-vie dans la bouche, mais il paraît que je ne pus en avaler.

Quatre hommes m'emportèrent par les bras, par les jambes, mais en s'arrêtant à chaque instant, attendu que les balles continuaient à siffler autour de nous. Deux d'entre eux furent plus ou moins blessés en me transportant à une première ambulance. Inutile de dire que le sang continuait à sortir *à l'aise* et que je m'affaiblissais de plus en plus.

En arrivant à l'ambulance, mes porteurs rencontrèrent un capitaine de mon régiment, employé à l'intendance; celui-ci, remarquant le n° 86 sur les képis desdits porteurs, leur demanda quel était l'officier blessé. Il me reconnut et fit de suite des démarches pour me faire visiter au plus tôt. En effet, le médecin en chef vint immédiatement, m'examina attentivement et dit alors (confidentiellement) au capitaine en question : « C'est inutile d'essayer de panser votre lieutenant ; *il n'en a pas pour une heure à vivre !* » Je ne connus cela que plus tard, bien entendu. De sorte que l'on me mit de côté en attendant des moyens de transport pour l'évacuation sur l'ambulance générale.

Enfin, un mulet arriva et on m'étendit sur une litière suspendue à un des flancs de l'animal. Un autre blessé fit le contrepoids de l'autre côté, et on se mit en route pour Trécate.

Il fallait retraverser le pont du Tessin qui, on se le rappelle, était à moitié écroulé. On franchissait les arches ouvertes au moyen de madriers donnant juste passage à deux hommes de front.

Or, la nuit arrivait et le mulet craintif ne voulait pas traverser sur ces madriers étroits, fragiles et laissant voir le courant de l'eau à près de soixante pieds au dessous. Le conducteur (lisez tringlot) réussit cependant à l'embarquer sur ce pont volant et, pour le faire avancer plus vite, lui cingla un coup de son gros fouet sur la croupe, ce qui en effet décida l'animal à franchir ce mauvais pas. On peut juger des secousses que tout cela produisait sur un malheureux blessé qui n'avait presque plus de sang dans les veines.

Bien mieux, les litières en question sont étroites; elles sont établies pour recevoir habituellement les blessés à jambes allongées et jointes. Or cela m'était impossible; j'avais les parties excessivement enflées, grossies démesurément et, par suite, je ne pouvais joindre mes jambes; j'étais donc forcé d'avoir une jambe pendante en dehors de la litière. Avec cela, la nuit était venue, et à chaque instant, sur la route encombrée, j'étais accroché, écartelé. J'eus un instant l'idée, en traversant le Tessin, comme je l'ai dit, de lâcher la litière et de me laisser tomber dans la rivière, afin d'en finir avec mes souffrances atroces, mais toujours ma bonne étoile veillait.

Je dus en arrivant signaler la conduite infâme, ignoble, du susdit tringlot conducteur qui, me voyant si bas, eut l'infernale idée de me fouiller en route. Je sentis ses mains dans mes poches. Comme je n'avais rien à prendre, ayant confié mon porte-monnaie et ma montre à mon sous-lieutenant avant mon transport à l'ambulance et ne pouvant faire aucun mouvement, je me contentai de porter plainte en signalant l'infect tringlot au premier médecin français qui fit le service auprès de nous. Qu'en est-il advenu? Je l'ignore. Ce que je crois devoir ajouter, c'est que l'autre officier blessé, mon contrepoids, est arrivé cadavre à Trécate! A-t-il été achevé par l'ignoble conducteur? C'est possible.

Nous arrivâmes à Trécate; il y avait, d'après ce qui me fut dit, un long convoi de blessés. Je fus placé, ainsi que beaucoup d'autres, dans l'église.

On avait étendu de la paille sur les dalles, et comme j'avais les jambes nues (mon pantalon avait été coupé pour visiter la blessure), ma tunique avait également disparu, de sorte qu'on ne m'avait laissé que mon gilet, un gilet noir à petits boutons grelots qu'on tolérait alors aux officiers. On me couvrit avec une capote d'Autrichien; capote qui me fut enlevée pendant la nuit, je ne sus par qui. Heureusement que nous étions au 4 juin, en Italie, et qu'enfin l'étoile ne pâlissait pas encore.

Le lendemain matin, je fus placé dans un tombereau servant habituellement au transport des pavés et de la terre. On y plaça une botte de paille et, après m'avoir étendu sur cette couche bien primitive, le nez en l'air et toujours mes jambes nues, couvertes de sang desséché, le convoi se mit en route pour Novare.

Il y a lieu de remarquer que la route de Trécate à Novare (quinze ou seize kilomètres) est pavée, et que dans mon véhicule *non suspendu* j'étais peu à l'abri des secousses, très douloureuses dans ma situation. J'ajoute que je mourais de soif, ayant perdu tant de sang, et que je ne pouvais pas boire. Le sergent chargé de ma surveillance était porteur d'une fiole d'eau rougie de vin, et le brave garçon essayait de temps en temps de m'en faire avaler quelques gouttes, mais ma vessie était *obstruée* par le sang coagulé sans doute; toujours est-il que je ne pouvais rien avaler et que je souffrais beaucoup de la soif.

Nous arrivâmes enfin à Novare. Presque toute la population était sur pied, et beaucoup de curieux grimpaient après mon *tombereau* pour voir ce qu'il y avait dedans. Généralement ils se sauvaient épouvantés. Il paraît que je n'étais pas précisément *beau* à contempler dans la tenue que j'ai indiquée.

On me transporta à l'hôpital, et je fus placé dans une salle où étaient déjà une vingtaine d'officiers blessés. Les médecins piémontais vinrent me visiter et hochèrent la tête. Un d'entre eux, qui n'avait cependant jamais soigné de blessure d'arme à feu, eut la bonne idée de me faire une entaille dans l'aine droite jusqu'au passage de la balle et de me dégager la vessie, ce qui, en effet, me sauva la vie, car je pus boire immédiatement et me réconforter, *ce dont j'avais grand besoin*. Il y avait à ce moment près de trente-six heures que j'étais blessé et que je n'avais reçu le moindre secours, perdant tout le sang qui avait bien voulu s'en aller.

J'eus cependant la bonne fortune d'avoir la visite d'un ex-médecin-major de mon régiment. Il indiqua à ses collègues piémontais ce qu'il fallait faire et me donner; je me trouvai fort bien de ses conseils. Le moral était très bon et, malgré tout, je conservai une entière confiance dans ma chère étoile. Cette absence d'inquiétude, cette confiance soutenue dans ma guérison, ce moral en un mot me furent très salutaires, et je me remontai petit à petit; toutefois mes tribulations n'étaient pas terminées. Mes camarades recevaient les bons soins et les consolations des dames de la ville, lesquelles, je m'empresse de le dire, furent très dévouées et très bonnes pour tous. Elles aidèrent de leur mieux les médecins dans les pansements et opérations, mais moi, en raison de la région particulière de ma blessure, je fus privé de leur dévouement,... elles ne surent jamais pourquoi; les autres blessés cherchèrent à leur faire comprendre ce pourquoi en leur disant : « Ce camarade-là, il faut le laisser, vous ne pouvez y toucher. » Elles comprenaient peu le français, ce qui augmentait encore l'embarras mutuel.

Environ quinze jours après mon arrivée à l'hôpital de Novare, un médecin-major français vint prendre la direction du service médical. Ce jeune médecin, très capable, disait-on, approuva ce qui avait été fait à mon sujet, mais il reconnut que l'incision faite dans l'aine était insuffisante; l'extérieur guérissait trop vite, et il s'était formé des décollements. Il fallut donc *approfondir* ladite incision. Je déclare avoir relativement plus souffert pendant cette opération que lorsque je reçus ma blessure.

L'opérateur introduisit l'une des branches de longs ciseaux dans la plaie et tailla la chair absolument comme dans un morceau d'étoffe. Je n'étais pas endormi, bien entendu, et la douleur fut tellement vive que je coupai avec mes dents le coin de mon drap que je tenais dans ma bouche pour ne pas crier.

Je comprends fort bien qu'il soit indispensable à un chirurgien de conserver, dans des moments semblables, tout son sang-froid et aussi toute son insensibilité, conditions qui doivent assurer le succès, du moins bien souvent; mais on pouvait reprocher à celui-ci d'avoir fait préalablement un *étalage* sur le pied de mon lit de tous ses beaux instruments, si brillants, *si parfaitement entretenus,* j'en conviens, mais que franchement je ne pouvais admirer avec un plaisir bien vif.

Le 24 juin arriva (bataille de Solférino) et, dès le soir même, des blessés furent expédiés sur Novare, où cependant tous les hôpitaux étaient pleins. Beaucoup d'officiers déjà étaient soignés chez les habitants. On demanda ceux d'entre nous qui désiraient être évacués sur Turin. J'acceptai cette offre, ainsi qu'un camarade de mon régiment qui avait eu le bras gauche cassé par une balle à

Magenta. On me porta dans le train sous la surveillance dudit camarade, et nous partîmes par une chaleur tropicale, suffocante, par suite très fatigante pour nous.

A notre arrivée on nous plaça dans une immense et superbe salle, dite des Chevaliers; nous y fûmes parfaitement soignés et traités. Ceux des blessés qui pouvaient sortir et circuler dans la ville étaient choyés, recherchés, enfin parfaitement reçus, surtout par la population féminine; mais moi, pauvre diable, qui ne pouvais encore me tenir debout, même avec des béquilles, je trouvai le temps bien long.

Un certain lieutenant indigène du 1er turcos était surtout très recherché des jeunes gens de la ville et aussi des dames. Avec son brillant costume et son bras cassé, il était toujours dehors et ne rentrait guère que pour la visite des médecins, et encore, pas toujours; dur comme un cheval, il ne se soignait pas ou bien peu, et il faisait ce qu'on peut appeler une *noce* continuelle, sans dépenser un seul sou, car il était d'une pingrerie à se faire couper les oreilles pour un maravédis. Il était aussi d'une *rouerie remarquable* en laissant croire aux bonnes Sœurs qui nous soignaient qu'il voulait se faire chrétien et apprendre à bien lire le français. Alors, ces bonnes Sœurs ne savaient comment le soigner, le cajoler; elles le bourraient de chatteries, de confitures et autres bonnes choses. Leurs plus belles images étaient pour ce *salem*, qui riait sous cape et faisait semblant d'apprendre le catéchisme.

Il me demanda un jour : « Dis dou, toi, qu'est-ce que c'est : *Je vous salue, Marie, pleine de graisse?...* » On pense si nous avons ri ; il comprit difficilement l'explication. Il guérit quand même et partit pour son pays, où, avec les économies qu'il venait de faire, il devait acheter une *moukaire* de plus (femme arabe).

Comme pour me faire prendre patience, une grande satisfaction me fut donnée : je reçus ma nomination au grade de capitaine. Ainsi, parti de zéro, sans la moindre protection, en *onze années* de service je venais de conquérir la double épaulette, et cela en récompense de faits de guerre, de blessures, enfin de mes bons services. C'était fort honorable et très avantageux pour l'avenir. Je n'avais alors rien à envier aux officiers sortant des écoles.

A l'hôpital de Turin, j'étais tant soit peu considéré comme un blessé phénomène; chaque matin, le médecin en chef réunissait à mon chevet son personnel médical et faisait la description, la théorie sur ma blessure. Il prétendait ne pas comprendre comment cette balle, reçue à *bout portant*, avait pu traverser le corps au milieu d'organes délicats, dangereux, importants, en les effleurant tous sans en *léser sérieusement aucun*, en un mot sans me tuer. Quoi qu'il en soit, je fus presque indemne de fièvre, et ma guérison fit des progrès très sensibles.

On le sait, la paix fut signée à Villafranca, et, à cette occasion, je fus témoin de faits regrettables, inouïs, qui augmentèrent sensiblement la répugnance que j'éprouvais déjà envers les Italiens. Napoléon III avait en effet promis de ne faire la paix que lorsque l'Italie serait libre jusqu'à l'Adriatique, mais les circonstances en décidèrent autrement.

Or, lorsque les Italiens virent que la paix était conclue après Solférino, ils devinrent furieux; ils eurent le mauvais goût et poussèrent le manque de tact jusqu'à manifester leur mécontentement, *devant nous blessés pour eux,* en déchirant les portraits de l'Empereur, en brisant les statuettes françaises et en se livrant à des commentaires scandaleux. Cela annonçait déjà leurs détestables procédés à notre égard, leurs manœuvres hostiles à la France dans la Triple Alliance et leur haine contre leurs libérateurs. Ils prouvèrent une fois de plus que, où il n'y a pas de cœur, la reconnaissance est lourde à porter.

Un mois plus tard, je pus essayer quelques courtes sorties en voiture et au pas ; je pus alors me faire une idée bien incomplète de la ville de Turin. Je remarquai de belles rues tracées au cordeau, bordées de chaque côté de bâtiments très réguliers, à peu de chose près de même style et de même élévation ; quelques beaux jardins, un entre autres, où l'on faisait de la musique le soir, ce qui, par une douce température, en respirant à pleins poumons les émanations d'une flore embaumée, ne manquait vraiment pas de charme. J'y allai un soir, et vraiment je me sentis heureux de vivre, après tant de tribulations. Je ne souffrais presque plus.

Une grande revue, dans laquelle devaient figurer ou être représentés presque tous les régiments qui avaient pris part à la guerre, devait être passée par l'Empereur à Paris. Le 86e devait y envoyer deux de ses bataillons et, après la revue, aller tenir garnison à Lille.

Bien que mes plaies ne fussent pas encore cicatrisées, je demandai et obtins d'être évacué sur l'hôpital du Val-de-Grâce de Paris. Je m'arrangeai de façon à me trouver à Gênes lors de l'embarquement d'un des bataillons de mon régiment, et je partis avec lui.

La traversée fut heureuse et nous débarquâmes à Toulon, où la population nous fit une réception très chaude, très patriotique. J'entrai pour quelques jours à l'hôpital de cette ville, et je partis pour Paris, en m'arrêtant pendant quarante-huit heures à Dijon où, cela se comprend, je fus si heureux de me retrouver, bien que marchant avec un bâton. J'arrivai à Paris l'avant-veille de la revue.

Je fus reçu chez de braves amis d'enfance, qui eurent pour moi les attentions et les bontés que peut inspirer l'amitié la plus franche et la plus dévouée.

Ils me conduisirent en voiture sur la place de la Concorde, où devaient passer toutes les troupes. C'est avec le cœur plein d'émotion et le plus grand plaisir que je revis mes camarades, glorieux, rayonnants et à qui la population faisait des ovations enthousiastes en les couvrant de fleurs.

Le temps était malheureusement très mauvais,

il pleuvait à verse, mais personne n'avait l'air d'y faire attention. Les journaux de l'époque ont publié le compte rendu de cette revue émouvante, à laquelle ont figuré beaucoup de nos blessés, et ont relaté la chaleureuse et patriotique réception que les Parisiens ont faite à notre armée. C'était le bon temps alors, malgré la pluie.

CHAPITRE XII.

Val-de-Grâce. — Belfort. — Ma nomination dans la Légion d'honneur. — Camp de Châlons. — Mon mariage. — Saumur. — Tours. — Granville. — Montbrison.

Le lendemain j'entrai au Val-de-Grâce, où l'on me prodigua tous les secours de la science la plus éclairée, et ma guérison fit à grands pas des progrès surprenants.

En entrant dans ce grand établissement, remarquable à plus d'un titre, on me demanda si je voulais accepter d'être placé dans une chambre à deux lits et avoir pour compagnon un malheureux capitaine adjudant-major du 55ᵉ de ligne, complètement aveugle d'un coup de feu qui lui avait enlevé un œil et brûlé l'autre. J'acceptai volontiers, d'autant plus que ce pauvre officier était Parisien, et, bien que cruellement atteint, il avait conservé toute sa gaieté. Il était marié; sa femme venait le voir deux ou trois fois par semaine. Je m'ingéniai à être utile à son mari, qui me prit en amitié et me raconta son malheur.

« Vous êtes bien heureux, me dit-il, d'avoir appartenu pendant la guerre à un régiment ayant fait campagne et d'avoir eu des soldats ayant déjà vu le feu. Voyez ce qu'il m'en coûte d'avoir eu des conscrits derrière moi; car, ô honte! *c'est une balle française qui m'a frappé!* Au moment où commençait le feu (je ne sais plus quelle affaire il m'indiqua), mon cheval prit peur et je fus obligé de descendre pour le maîtriser, mais il me rejeta tellement de côté que je me trouvai devant quelque jeune soldat manquant de sang-froid et qui m'envoya cette balle. C'est ce qui me désole le plus », me dit-il.

Un mois après je sortis de l'hôpital, et je ne revis plus jamais mon compagnon de chambre. J'étais guéri et, bien qu'ayant la jambe droite tant soit peu plus courte que la gauche, je ne boitais pas sensiblement. Je partis pour Lille, où le régiment tint garnison pendant près de dix-huit mois. J'ai conservé un très bon souvenir de cette bonne ville, où nous étions très aimés et où commandait en chef le maréchal de Mac Mahon.

A Lille, la troupe du théâtre était excellente, et j'en profitai beaucoup. Il n'y a que sous le rapport des pensions que cette garnison laisse à désirer. On y mange beaucoup de viande bouillie et de côtelettes aux confitures. Avec cela de la bière...

Vers la fin de 1860, nous fûmes envoyés à Belfort, ville généralement peuplée de Juifs et de militaires. Je ne veux pas dire du mal des premiers, puisqu'ils se sont bien conduits pendant la guerre de 1870; du reste, n'anticipons pas.

Belfort était à cette époque une véritable lanterne, où l'on ne pouvait *éternuer* sans être entendu de tous. Ce fut là cependant que je passai un des plus beaux jours de ma vie : nous y étions depuis quelques mois, lorsque je reçus ma nomination de chevalier de la Légion d'honneur.

Le grade de capitaine m'avait donné une grande joie, mais la croix, voyez-vous, pour celui qui sait, qui sent qu'il l'a gagnée et payée de son sang, eh bien, franchement, il lui semble que rien n'est comparable, ni lui soit aussi sensible que cette décoration, emblème de l'honneur et du devoir accompli! Son cœur bat très fort, je l'affirme, lorsque, au milieu d'un carré formé par le régiment en grande tenue, devant tous, surtout devant ses camarades, qu'il aime, qu'il estime et qui lui rendent tout cela; je dis que c'est un grand moment que celui, où, après un *ban solennel*, le colonel lui attache lui-même ce signe de vaillance sur la poitrine.

Le soir je dînai chez le colonel, mais, dès le lendemain, nous arrosâmes cette étoile qui représentait pour moi celle qui m'avait tant protégé jusque-là. Combien j'eus été heureux si j'avais eu une mère à embrasser en ce moment!

Peu de temps après, je partis en détachement avec trois compagnies, à Ensisheim, petite ville du Haut-Rhin, actuellement aux Prussiens. Il y avait à cette époque dans la localité une maison centrale de détention, renfermant de cinq à six cents condamnés; c'est pour cette raison que ce détachement y était envoyé. Je vécus là fort tranquille pendant plus de six mois, puis je revins à Belfort, où les indigènes, bons musiciens pour la plupart, s'adjoignant à notre musique régimentaire, formèrent un orchestre remarquable dirigé par notre chef, jeune Parisien très capable et fort goûté, spécialement des Belfortaines.

Nous passions donc une grande partie de nos soirées, soit aux répétitions, soit aux concerts donnés par cet orchestre hors ligne.

En 1863, nous allâmes au camp de Châlons. Je ne dirai rien de la beauté des sites que l'on rencontre dans le trajet de Belfort à Châlons ; ce n'est pas trop dans les marches militaires, si fatigantes et si monotones, que l'on se plaît à admirer la nature, surtout lorsqu'on savoure les kilomètres à pied (les capitaines n'étaient pas encore montés à cette époque), et avec ma blessure j'étais peu porté à la poésie.

Je n'ai pas non plus à décrire ce qu'était alors le camp de Châlons ; tous les journaux l'ont fait connaître, et chacun sait que du mois de mai au mois de septembre, ce camp recevait chaque année *deux* ou *trois* divisions d'infanterie et une de cavalerie. Un maréchal de France en prenait le commandement, et l'Empereur y venait passer habituellement le mois ou au moins une grande partie du mois d'août. On y faisait des grandes manœuvres, auxquelles participaient toutes les armes, et les régiments y exécutaient des tirs à longues portées, ainsi que des feux de guerre à grandes distances.

Le terrain du camp, autrefois stérile, dénudé, justifiait le titre de Champagne *pouilleuse,* mais depuis sa transformation en camp et en raison d'un grand nombre de bouquets de bois de sapins que Napoléon III y fit planter, ce sol s'est beaucoup amélioré, et l'aspect du camp était déjà à cette époque assez réjouissant. Les Châlonnais, ainsi que les habitants des communes voisines, pouvaient, le dimanche matin, y jouir d'un coup d'œil splendide, très émouvant et peut-être unique au monde.

Toutes les troupes du camp se rendaient à peu près au centre, où on avait construit une chapelle sur un petit monticule qui dominait les environs; elles se plaçaient en colonnes massées tout autour de la chapelle, laissant au milieu un espace suffisant pour l'Empereur, le maréchal et leurs états-majors.

Toute cette masse de troupes manœuvrait à la voix d'un seul général, qui en avait le commandement, et au moment de l'élévation surtout, lorsque tous les tambours et les clairons battaient et sonnaient aux champs, avec l'accompagnement du canon, c'était réellement majestueux et très imposant.

Lorsque tous ces soldats, même les turcos, mettaient le genou à terre et saluaient la sainte hostie en portant la main droite à la coiffure, on se sentait ému, courbé, transporté quand même par la pensée au delà de cette vie. Tout cela se faisait en observant le plus grand silence, une constante immobilité après l'exécution des mouvements commandés, enfin avec la plus parfaite correction.

Je me souviens que le premier samedi après l'arrivée des turcos au camp, je dînais chez le maréchal Baraguay-d'Hilliers, comme officier commandant sa garde. Le maréchal, inquiet pour le lendemain en ce qui concernait ces mahométans, demanda au chef de bataillon qui les commandait si ses hommes ne feraient pas de difficulté pour se mettre à genou comme les nôtres au moment de l'élévation. « J'en réponds, dit le commandant, surtout si vous voulez bien, monsieur le maréchal, leur allouer à chacun une ration de vin. — Comment, dit le maréchal, une ration de vin ? Mais ils ne doivent pas en boire, d'après le Koran ! — Cela ne fait rien, riposta le commandant ; je les connais et j'en ferai tout ce que je voudrai avec la ration de vin. »

Ladite ration fut accordée, et en effet, le lendemain, les turcos exécutèrent le mouvement sans la moindre observation.

La fête du 15 août était également remarquable au camp. Dans le jour, c'était la revue et la messe, mais le soir, après le feu d'artifice, il y avait une retraite aux flambeaux.

Qu'on veuille bien se figurer ce que devait être la masse de tambours, clairons et musiciens des *douze régiments d'infanterie,* avec les clairons des deux ou trois bataillons de chasseurs à pied, plus les trompettes d'artillerie et des régiments de cavalerie, tout cela réuni, exécutant à la voix et aux signaux du plus ancien des tambours-majors, à la lueur des torches et des flammes de Bengale.

C'était majestueux, superbe, je ne dis pas non, mais en même temps... *effrayant,* et la preuve, c'est que beaucoup de chevaux de cavalerie, attachés au piquet, se sauvaient affolés, brisant tout, bousculant les tentes, s'accrochant dans les cordes, se butant contre les piquets et faisant des culbutes à tort et à travers; malheureusement aussi, causant des accidents. Le lendemain on ramenait les fuyards, parfois très éclopés.

Dès l'arrivée des régiments au camp, on faisait appel aux artistes peintres et sculpteurs, afin de décorer les mess des officiers et construire un monument sur le front de bandière, pour y placer le drapeau de chaque corps.

J'ai assisté un jour à une scène très amusante

dont je garantis l'authenticité. Un musicien de mon régiment avait sculpté un splendide lion, comme monument du drapeau. Ce lion était taillé dans de la pierre blanche, crayeuse et tendre, que l'on trouve à profusion dans les environs du camp; il était de forte taille et faisait un effet superbe.

Le jour en question, l'Empereur passa à cheval, avec le maréchal, tout le long du front de bandière. Arrivés à hauteur du 86°, ils s'arrêtèrent et examinèrent avec attention le susdit lion. Comme d'habitude, les soldats s'amassèrent autour d'eux; l'Empereur demanda à l'un d'eux : « Qui a fait ce lion? — Lempereur, lui répondit le soldat. — Mais non, mon ami, riposta l'Empereur, je vous demande qui a fait ce lion? — Lempereur, Sire, lui répondit pour la seconde fois le soldat. — Allons, dit l'Empereur, je n'en tirerai rien. Appelez-moi celui qui a sculpté ce lion. » Le soldat sortit alors du cercle et se mit à crier à haute voix à un musicien : « Eh! Lempereur, écoute un peu ici, arrive vite! » Le musicien se présenta. « C'est vous, lui dit Napoléon III, qui avez fait ce lion? — Oui, Sire. — Comment vous nommez-vous, mon garçon? — Lempereur, Sire! »

L'Empereur ne put s'empêcher d'échanger de

gros rires avec le maréchal, et, après avoir complimenté doublement le musicien sur son talent d'abord, puis sur son nom, lui promit de lui envoyer un souvenir. En effet, le musicien Lempereur reçut quelques jours après du quartier général une superbe montre en argent, avec les armes impériales gravées dans l'intérieur de la boîte.

Dès la création du camp, un village s'est formé, spécialement de commerçants. On y voit un grand nombre de cafés, des brasseries, des cafés chantants, que les soldats ont baptisé d'un nom plus pittoresque; ils les appellent des *beuglants!* Sans doute parce qu'on y chante surtout des chansons bruyantes, à refrains criards.

Un immense établissement, construit spécialement pour un théâtre, sert aussi à y donner des fêtes, des bals pour MM. les officiers, et enfin à y représenter des pièces plus ou moins militaires.

Ce village porte le nom de Grand-Mourmelon. C'est là que se réunissent ceux qui ont quelques loisirs et que s'approvisionnent les militaires de tous grades. Les femmes des officiers (plus ou moins mariés) y trouvent également des chambres meublées que les indigènes louent un très bon prix.

Les manœuvres du camp terminées, nous revînmes à Belfort, où nous restâmes jusqu'en 1864. On nous envoya ensuite à Tours, ce beau pays appelé autrefois *le jardin de la France*. En effet, le pays est charmant et la population y est excellente. Les Tourangeaux aiment beaucoup l'armée, et le régiment y passa très agréablement plusieurs années, sous le commandement du maréchal Baraguay-d'Hilliers.

Ce fut à cette époque, 1864, que je vins en permission à Dijon et qu'en faisant une visite au propriétaire de la maison dans laquelle je suis né, lequel avait connu ma famille et qui pour ainsi dire m'avait vu naître, c'est chez lui, dis-je, que je retrouvai deux jeunes filles bonnes à marier, jeunes filles que j'avais entrevues lors de mon passage à Dijon en 1859, comme blessé d'Italie. Une des tantes de ces demoiselles était ma marraine ; la susdite tante s'occupa beaucoup de moi et fit si bien les choses qu'elle amena mon mariage avec l'aînée de ses nièces.

Le mariage eut lieu le 27 février 1865. Comme cadeau de noce, je fus nommé capitaine de voltigeurs, poste honorifique mais assez recherché, ainsi que je l'ai déjà dit. Aussitôt rentré au corps, après mon mariage, je fus envoyé en détachement avec ma compagnie au château de Saumur.

C'est à Saumur que je vis pour la première fois le fameux général Le Bœuf, qui devait plus tard (en 1870), comme ministre de la guerre, faire la réponse que l'on connaît. Il y était venu pour inspecter un assez important matériel d'artillerie, qu'on lui présenta très étiqueté, bien peint, parfaitement aligné, et qui devait, hélas! l'avenir l'a trop prouvé, tomber en poussière ou tout détraqué le jour de l'attelage. Ce n'était pas rien que des boutons de guêtres qui manquaient, malheureusement. Nous restâmes à Saumur pendant six mois et nous rentrâmes à Tours. Les années 1866, 1867 et 1868 s'écoulèrent paisiblement sans apporter rien de saillant à mon existence que la naissance de mon premier garçon, mon pauvre Georges, que je devais perdre si malheureusement vingt ans plus tard.

En 1868, mon bataillon fut envoyé en détachement à Granville. Nous ne passâmes que quatre mois dans ce charmant petit port de l'Océan, où nous faisions de si bonnes et si agréables parties de pêche, grâce aux relations que j'avais avec un lieutenant de vaisseau qui commandait un garde-côte à Granville même.

Nous passions aussi d'excellentes soirées au Casino, mais, à notre grand regret, cela ne dura pas longtemps ; nous reçûmes l'ordre de partir inopinément pour Lyon. Malgré nos provisions faites en vue d'un long séjour, il fallut se mettre en route dans les quarante-huit heures ! Lyon fournissait alors beaucoup de détachements et, à peine y étions-nous installés, qu'il fallut aller passer trois mois au camp de Sathonay ; puis, peu de temps après, partir avec mon bataillon pour Montbrison.

Dois-je dire quelques mots du camp de Sathonay ? Presque tous les camps se ressemblent. Celui-ci fut créé vers 1853-1854 par le maréchal de Castellane, qui commandait alors à Lyon. Ce camp se trouve établi sur le plateau de Caluire, entre le Rhône et la Saône, à sept kilomètres de Lyon, et, malgré cela, on manque d'eau au camp, ou à peu près ! L'eau y est distribuée très rationnellement au moyen d'une pompe hydraulique installée par un industriel que, depuis la création du camp, l'État paye très cher.

Le plateau étant assez élevé, l'air y est très pur. Bien souvent Lyon est couvert de brouillards et le soleil brille à Sathonay. Le camp est entouré d'industriels, commerçants et loueurs de garnis, qui exploitent à qui mieux mieux la population militaire.

L'État ne logeant pas les femmes des officiers, ceux-ci sont alors obligés de caser leurs familles dans les environs, et comme les susdits industriels ne sont pour la plupart que des gens interlopes, *plus ou moins tarés,* ils écorchent le plus possible les pauvres officiers, qui se voient obligés de passer sous leurs Fourches Caudines. En est-il de même encore actuellement? C'est bien possible, bien qu'une fois déjà le général Bourbaki prît la mesure énergique de supprimer momentanément les troupes du camp. Il réussit ainsi à ramener *pour un instant* ces écorcheurs à la raison ; car, enfin, ces sangsues affamées n'existent que par le camp. Leurs prétentions diminuèrent sensiblement, mais pour recommencer de plus belle un peu plus tard.

A Montbrison, nous étions assez bien casés et très tranquilles dans cette petite ville, calme et presque délaissée, mais selon l'habitude cela ne put durer. Trois mois à peine étaient écoulés que trois compagnies, dont la mienne, furent envoyées à Saint-Étienne pour surveiller les ouvriers des mines de la Ricamarie et autres, alors en grève. Plus de trois autres mois se passèrent encore à faire le service d'ordre au milieu de ces populations honorables, j'aime à le croire, mais baroques et terriblement bruyantes.

Je profitai de mon séjour dans ces parages pour visiter à fond tous les puits de mines de la Compagnie de la Loire. On ne peut se faire une idée de ce qu'est l'existence de tous ces pauvres ouvriers mineurs, dont beaucoup passent leur vie à travailler parfois à *six cents mètres sous terre,* sans être certains de revoir le jour, menacés qu'ils sont continuellement, et par le *grisou,* et par les *éboulements trop fréquents.* Ils travaillent étendus, couchés, sous un bloc de charbon qu'ils détachent à coups de pic ou de pince et sont quelquefois surpris par la chute de ce bloc.

Ils ressemblent à de vrais démons ; nus jusqu'à la ceinture et noirs comme des nègres, on ne voit d'eux souvent qu'une paire d'yeux blancs qui brillent et tranchent sur le noir du visage. Et tout cela pour gagner, les meilleurs ouvriers, cinq à six francs par jour, les autres de deux à trois francs. Chose remarquable, ils se succèdent dans ce métier, dans cet enfer devrais-je dire, de père en fils.

C'est pendant ces grèves qu'eut lieu la fusillade de la Ricamarie, dont on a tant parlé à cette époque; fusillade regrettable assurément, mais que je vais expliquer aussi brièvement et aussi impartialement que possible.

Un certain jour, un assez grand nombre de mineurs, avec des femmes et même des enfants (gamins de quatorze à dix-sept ans), vinrent insulter les soldats d'une compagnie du 4ᵉ de ligne chargée, comme nous, de maintenir l'ordre et d'empêcher la destruction des machines et autre matériel des compagnies.

Les soldats supportèrent d'abord avec patience et tout le calme voulu les insultes et même les *pierres* lancées sur eux par cette populace. Le capitaine fit cependant arrêter un des plus turbulents et le fit enfermer au poste. Les insultes et les pierres redoublèrent... Cette compagnie fut relevée de sa garde, et c'est en emmenant son prisonnier, au moment où elle passait *imprudemment dans un chemin creux, encaissé,* qu'elle fut assaillie de nouveau par toute cette foule acharnée qui lançait sans relâche d'énormes cailloux sur les soldats. Ce fut alors que ces derniers, perdant patience, ripostèrent *après avertissement,* par quelques coups de fusil sur leurs agresseurs... Cela sans *commandement,* sans *ordre donné,* je l'affirme. Les soldats *insultés, bafoués* et *blessés*, se sont crus dans le cas de légitime défense et ont fait feu pour se dégager; il fallait sortir du guépier où leur imprudent capitaine les avaient engagés.

Il y eut plusieurs victimes, malheureusement, mais on comprendra l'exaspération des soldats, supportant depuis le matin de grossières insultes et en se voyant assaillis par cette populace effrénée.

Ce que je viens de raconter est l'exacte vérité; c'est le capitaine en question lui-même qui me fit le récit de cet événement, une demi-heure après sa rentrée à Saint-Étienne. Il fut décoré pour le fait, mais il ne put rester à Saint-Étienne.

Les grèves terminées, nous rentrâmes à Montbrison, puis à Lyon. J'appelle l'attention de mon lecteur sur ces déplacements si fréquents et, par suite, si onéreux pour les ménages d'officiers. C'était à cette époque vraiment désespérant et laissait croire que le 86e devait faire concurrence au Juif légendaire.

L'année 1869 se passa avec un autre séjour de trois mois au camp de Sathonay, et le régiment y était encore en juillet 1870, au moment où la guerre fut déclarée à l'Allemagne.

Pour nous, défenseurs de la patrie, il n'y a, en pareille circonstance, aucun commentaire à faire; nous n'avons qu'à nous incliner et à obéir.

CHAPITRE XIII.

Guerre de 1870-1871. — Bitche. — Sarreguemines. — Tuerie de Beaumont. — Mission à Saint-Malo. — 14ᵉ corps (général Vinoy). — Combat de l'Hay. — Première affaire de Buzenval.

Le 86ᵉ de ligne appartenait alors à la division Castagny, brigade du général baron Nicolas-Nicolas, du 5ᵉ corps d'armée, commandé par le général de Failly.

Après des préparatifs faits à la hâte, des trains nous emportèrent par bataillon jusqu'à Bitche, petite ville frontière où nous avions hâte de rencontrer l'ennemi. Tout le monde connaît la fameuse réponse du maréchal Le Bœuf, faite en pleine Chambre des députés, et dont j'ai déjà parlé; eh bien! j'ai constaté à notre arrivée à Bitche, moi, officier de distributions, qu'il n'y avait pas *un seul sac de farine* comme approvisionnement, *pas un pain cuit d'avance, pas une pièce de canon sur affût, pas un obus en réserve!* Rien, absolument rien, et les Prussiens étaient à quelques lieues de nous!

On fut obligé de réquisitionner tous les boulangers de la localité, ainsi que leur approvisionnement, et de placer une garde suffisante pour maintenir l'ordre dans chaque boulangerie, où l'on avait commencé par s'arracher des mains le pain à moitié cuit.

Quelques jours après on reçut un peu d'approvisionnement, des vivres et des munitions. Cette petite place de guerre devait jouer plus tard un certain rôle que je ferai connaître en temps et lieu. Le quatrième jour, je crois, après notre arrivée à Bitche, nous partîmes pour Sarreguemines. Cette ville n'était pas mieux pourvue que Bitche.

C'est à Sarreguemines qu'est venue me surprendre ma nomination à l'emploi d'adjudant-major, nomination qui m'envoyait au dépôt du corps à Saint-Malo, pour y prendre le commandement du 4ᵉ bataillon, que je devais organiser et ramener à l'armée du Rhin.

Jamais encore je n'avais éprouvé une aussi cruelle déception. M'éloigner du régiment où j'étais depuis vingt-deux ans, où j'avais conquis tous mes grades, fait toutes mes campagnes!

Quitter, me séparer de mes camarades, de mes amis, et cela peut-être à la veille d'une bataille ! Comprend-on ce que cela a de pénible ? D'autant plus que j'avais le triste pressentiment de ne plus revoir beaucoup de ceux qui m'embrassèrent en me disant adieu. En effet, nous étions à la veille pour ainsi dire de Freschwiller et de la tuerie de Beaumont.

Je partis en pleurant comme un enfant. Le colonel Berthe, aujourd'hui général de division en retraite, ne voulut tenter aucune démarche pour me faire rester, sous prétexte que j'étais marié, père de famille, et que je devais suivre mon étoile. Je ne pouvais le blâmer d'agir sagement, j'obéis.

Je passai par Dijon, où était venue ma famille, et le lendemain j'arrivai à Saint-Malo. J'organisai de suite mon 4e bataillon avec de vieux capitaines fatigués, mais, par contraste, avec des jeunes conscrits qui venaient d'arriver au corps, qui n'étaient pas instruits militairement et qui n'étaient pas même équipés. Je reçus l'ordre d'amener quand même ce bataillon à Paris, et je montai dans le train avec environ neuf cents hommes, *sans cartouches, sans campement et sans argent!* Je devais trouver tout cela en arrivant à Paris, où l'on organisait le 14ᵉ corps (général Vinoy).

A Paris, en effet, nous reçûmes à peu près tout ce qui nous manquait, et nous nous dépêchâmes d'instruire à la hâte nos jeunes soldats, spécialement sur le tir et le service des avant-postes.

On sait que pendant ce temps avaient lieu les batailles de Wissembourg, Morsbronn, Wœrth, Freschwiller, Reischoffen, etc., et le massacre de Beaumont. C'est le 30 août dès le matin que l'infortuné 5ᵉ corps (de Failly) se trouva engouffré en entier dans les entonnoirs de Beaumont.

Le village se trouve, en effet, au fond d'un véritable entonnoir; toutes les troupes du corps d'armée étaient campées à l'entour; les crêtes sont presque entièrement bordées de forêts, ce dont profitèrent les Allemands pour s'approcher sans bruit, de manière à entourer et à surprendre nos malheureux soldats, confiants en la vigilance de leurs grands chefs. Plusieurs avertissements parvinrent à l'état-major, au général de Failly lui-même, cantonné dans le village; mais non, il répondit avec insouciance : « Bah! vous voyez des Prussiens partout! »

Pas de grand'gardes, pas d'avant-postes, pas de sentinelles; rien!! Les hommes font la soupe et nettoient leurs armes...... beaucoup de nos soldats sont en manche de chemise, tranquilles et sans inquiétude.

Vers midi vingt minutes, un coup de canon se fait entendre et un obus vient éclater juste au milieu d'une compagnie. C'est le signal. Aussitôt toutes les crêtes s'enflamment, des détonations de l'artillerie allemande se font entendre de tous côtés, les obus sillonnent le camp et y portent le trouble, la confusion et la mort. Les forêts voisines s'animent, et de là débouchent les soldats prussiens ; de chaque arbre sort un soldat, et une grêle d'obus et de balles s'abat sur nos malheureux soldats stupéfaits.

C'est sous ce feu terrible que les troupes du général de Failly courent aux armes.

Je renonce à décrire ce qui se passa pendant que les cinquante mille Allemands et Bavarois du prince de Saxe foudroyaient notre pauvre 5ᵉ corps. Mon cher 86ᵉ, mes malheureux amis et camarades étaient là. Il faut lire la description de ce massacre de Beaumont dans l'historique de la guerre 1870-1871 : *Français et Allemands,* de M. Dick de Lonlay.

J'ai oublié de dire que le général de division Goze avait succédé au général Castagny dans le commandèment de la division dont faisait partie le 86°. Il n'y avait tout d'abord que cinq mille hommes contre les cinquante mille indiqués ci-dessus, et ces cinq mille héros ont tenu *pendant une heure et demie,* sans artillerie, sans commandement, presque sans généraux et qui, surpris les armes démontées (le général de Fontanges seul était présent), ont tenu, dis-je, les Prussiens en respect.

On peut avoir une idée de ce que fut cette lutte désespérée en citant les pertes du 11° de ligne, régiment de la division Goze : 35 officiers et près de 800 hommes!! Le 68° eut 32 officiers et 750 sous-officiers et soldats tués ou blessés! Les pertes du 86° furent de 15 officiers tués ou blessés et environ 400 hommes hors de combat. Mon pressentiment au moment de mon départ de Sarreguemines ne m'avait pas trompé. Je ne devais plus revoir mon brave frère d'armes le commandant Mathis, qui un des premiers à cheval fut frappé par un obus qui lui coupa la cuisse droite en perforant son cheval et éclata sous son adjudant-major Perken, lequel eut un pied enlevé et mourut de sa blessure quelques jours plus tard.

Lorsque le commandant Mathis tomba avec son

cheval, sa jambe droite ne tenait plus que par un lambeau de chair et de peau; il demandait *impérieusement* un couteau à ceux qui étaient là pour achever la séparation de sa jambe!! Mon pauvre ami succomba quelques heures plus tard. C'était un vaillant officier, sorti comme moi des sous-officiers, mais qui néanmoins était appelé à un brillant avenir.

C'est avec le cœur navré que je me reporte par la pensée à cette *tuerie* amenée par l'incurie, l'imprévoyance et la négligence du général de Failly, ainsi que des autres généraux, car, dans ce cas, si l'un oublie ou ne veut pas se rendre à l'évidence, l'autre doit y suppléer dans la mesure de son grade, de sa responsabilité et de la sûreté des troupes qu'il commande. Rien ne devait empêcher de placer au moins des sentinelles devant l'emplacement de chaque colonne ou de chaque régiment.

Mes pauvres amis, Perken, Schramm, Bourdel, et ce gentil lieutenant Bourseul que j'avais presque élevé, l'ayant eu à ses débuts pendant près de deux ans comme sous-lieutenant sortant de Saint-Cyr. Avant de tomber, chers camarades, combien vous avez dû maudire l'auteur principal de cette imprévoyance! Paix à vos âmes! Vous êtes tombés glorieusement et à votre place de bataille! Ma nomination d'adjudant-major me sauva de cette catastrophe.

Je reviens à Paris.

Dès son organisation achevée, mon bataillon, tout en continuant à s'administrer séparément, entra, ainsi que deux autres bataillons semblables, dans la formation du 111e de ligne, et ce régiment, commandé par un lieutenant-colonel, fut envoyé au Moulin-Saquet, petite redoute en terre élevée rapidement en avant des forts de Villejuif et de Bicêtre, à environ cinq ou six kilomètres de Paris; nous y faisions le service d'avant-postes et de reconnaissance.

Chaque jour les Prussiens se rapprochaient de Paris, et chaque jour aussi le cercle d'investissement se refermait sur nous.

Vers la fin de septembre, voulant se rendre compte de la situation des Allemands du côté de Choisy-le-Roi, l'Hay et Villeneuve-Saint-Georges, le général Trochu, gouverneur de Paris, décida une attaque de ce côté. On forma une colonne de six à sept mille hommes, et elle reçut l'ordre d'opérer en avant dudit Moulin-Saquet, dans la direction de l'Hay, sous la protection des canons des forts de Bicêtre et d'Ivry.

Le 111ᵉ faisait partie de cette colonne. Dès la pointe du jour la canonnade des forts se fit entendre, et, après quelques minutes de bombardement, on nous lança en avant. J'étais avec mon bataillon à la gauche d'une brigade commandée par le général Guilhem, brigade composée de deux seuls anciens régiments rappelés récemment de Rome, 42ᵉ et 35ᵉ de ligne.

Aussitôt arrivés à portée de l'ennemi, après toutefois avoir refoulé ses sentinelles avancées, nous fûmes reçus par une grêle de balles et de mitraille qui nous fit subir d'assez grandes pertes. Les deux beaux régiments que je viens de citer se déployèrent, manœuvrant ainsi sous le feu de l'ennemi avec autant d'aplomb et de régularité que sur un terrain d'exercice. Ils firent ainsi l'admiration de tous.

Cette petite bataille fut assez chaude. Dès que les Prussiens se virent sérieusement attaqués, ils firent appel à leurs renforts, et comme ils avaient déjà fortifié leurs positions et qu'ils disposaient d'une artillerie fort imposante, ils nous reçurent d'une façon très énergique. On se fusilla terriblement et à bonne portée, mais nous manquions de canons! *Deux* malheureuses petites pièces de 4 avaient été mises à la disposition du général Blaize; il les a cherchées pendant tout le temps de l'affaire.

Le général Guilhem, qui, toujours à la tête de ses deux beaux régiments, les conduisait sur le champ de bataille, fut frappé peut-être non mortellement, mais en tombant son pied droit resta pris dans l'étrier, et le malheureux général fut traîné ainsi la tête frappant le sol par son cheval épouvanté. Je le vis dans cette situation à moins de cent pas de moi. A un certain moment la mitraille et les balles sifflaient tellement à nos oreilles que nous fûmes obligés de faire coucher nos hommes en profitant de tous les accidents de terrain afin de les abriter. Malgré ces précautions, nous éprouvâmes de grandes pertes; dans mon seul bataillon on comptait *cent onze* hommes hors de combat.

J'eus la bonne chance de ne recevoir des projectiles que dans mes habits. Après la bataille, passa près de moi un jeune sous-lieutenant ou lieutenant du 42e qui, lui aussi, avait sa tunique et son pantalon traversés, déchirés par les balles et par la mitraille. Son sabre était coupé par la moitié, la lame restée dans le fourreau. Je vois encore par la pensée ce fier et bel officier, campé comme d'Artagnan, la main sur la poignée de ce qui lui restait de sabre et me disant d'un air railleur : « Voyez, mon capitaine, voilà comment ces Prussiens m'ont arrangé. » Il était à moitié déshabillé, mais il n'avait pas une blessure, pas même une égratignure. Cet officier était vraiment splendide ainsi avec ses moustaches en croc. Quelques jours après je fus nommé chef de bataillon au 119ᵉ de ligne, qui occupait alors la presqu'île de Gennevilliers.

Je fus pendant près de trois semaines chargé avec mon bataillon de la surveillance et de la défense du village de Bois-Colombes et du pont d'Argenteuil. Les Prussiens occupaient ce dernier village, ainsi que toute la rive droite de la Seine; nous gardions la rive gauche. Toute la journée et bien souvent la nuit, les avant-postes se fusillaient réciproquement, et il devenait dangereux de se montrer dans les environs. Les Allemands plaçaient leurs meilleurs tireurs dans le clocher d'Argenteuil, lequel dominait tout le pays, et de là abattaient les imprudents qui tentaient de venir chercher quelques légumes abandonnés dans cette plaine.

Le général Ducrot vint un jour me visiter à ce poste. Le général voulut voir ce que j'avais fait établir comme tranchées pour aller à couvert jusqu'à la Seine, et comme embuscades. Je lui fis remarquer que j'étais prêt à le conduire, mais que s'il emmenait avec nous son nombreux état-major, comme cela en plein midi, nous nous exposerions à subir beaucoup de pertes.

Le général se rendit à mon observation, donna des ordres et me dit : « Allons-y tous deux seuls. » En route, en causant, je fis cette remarque : « Si les Allemands savaient que le général Ducrot est ici en ce moment, il est probable que nous n'arriverions pas jusqu'à la Seine. — Bah, me dit-il, cachons seulement nos képis. » Par un hasard providentiel, il n'y avait personne en ce moment dans le susdit clocher ; pas un coup de fusil ne fut tiré sur nous. Le fait était surprenant, car journellement on ramenait ou on rapportait à mon poste des victimes imprudentes.

Le général approuva les dispositions que j'avais prises, examina longuement les positions de nos adversaires, et le retour s'opéra avec la même chance. Il fit prendre mon nom par son aide de camp et partit en me disant devant mes hommes :

« C'est très bien, commandant, je vous approuve complètement! »

Dans le courant d'octobre, eut lieu la première affaire de Buzenval. L'état-major allemand, le roi Guillaume, Bismarck, de Moltke, etc., occupaient Versailles et les avant-postes de leur armée s'avançaient de plus en plus. Ils établissaient des batteries d'artillerie et voulaient nous serrer d'un peu trop près de ce côté. Le général Trochu, d'accord avec le comité de défense de Paris, résolut de repousser nos adversaires. A cet effet, on lança environ deux divisions du côté de Saint-Cloud, Garches, Buzenval, Vaucresson, la Celle-Saint-Cloud et Bougival, c'est-à-dire dans l'espace indiqué par la boucle que forme la Seine entre Saint-Cloud et Bougival.

Les colonnes partirent du Mont-Valérien et se déployèrent sous la protection du canon de cette forteresse. L'attaque fut énergique, les avant-postes prussiens furent culbutés, poursuivis et refoulés au point de donner l'alarme jusqu'à Versailles. On a même affirmé que le souverain allemand (et sa noble suite) se préparait à déguerpir, les malles étaient faites! Mais, comme d'habitude, nous n'avions personne derrière nous, ni réserves, ni ravitaillement d'aucune sorte, rien. Il fallait bien retourner chez soi le soir.

Les pertes furent assez sensibles des deux côtés. Plusieurs batteries de mitrailleuses bien placées au Mont-Valérien jouèrent un assez grand rôle dans cette journée. Mon lieutenant-colonel, chef de corps, commandait une brigade. Je pris, comme plus ancien chef de bataillon du 119ᵉ, le commandement de deux bataillons du régiment; j'eus là encore la bonne fortune de ne pas être touché et l'occasion de donner satisfaction au général Ducrot qui, pour la seconde fois, envoya demander mon nom.

Après une longue fusillade dans les vignes, dans ce terrain coupé de murs, sillonné d'anciennes carrières, ce fut une véritable guerre de tirailleurs, d'embuscades, de petits combats partiels où l'intelligence et la ruse jouent un très grand rôle. Je perdis une dizaine d'hommes et j'eus une trentaine de blessés, que je fis rapporter en temps opportun.

La nuit arrivait, je reçus l'ordre de rentrer le dernier et de ne laisser aucun des nôtres sur le terrain. Mais les Prussiens, ne se sentant plus poursuivis et ayant reçu leurs renforts, nous accompagnèrent presque jusqu'au Mont-Valérien; un peu pêle-mêle avec les miens, ce qui me permit d'en enlever une quinzaine, que j'envoyai deux heures après au quartier général.

Ma situation était assez inquiétante; heureusement que lesdites batteries de mitrailleuses, dont j'ai parlé, arrêtèrent l'ennemi, qui, du reste, se contenta de nous reconduire en s'embusquant au fur et à mesure, mais sans tirer, se méfiant sans doute des mitrailleuses en question. Seul un pauvre capitaine, qui, un instant avant d'être lancé en avant avec sa compagnie, partagea avec moi sa provision de chocolat, eut la malechance d'être frappé, quelques minutes plus tard, d'une balle qui lui brisa la cuisse droite; il tomba et resta dans les vignes.

Avant de rentrer, je le fis rechercher, mais sans résultat. Le lendemain nous apprîmes que le malheureux s'était traîné comme il avait pu derrière un abri où se trouvait déjà un capitaine allemand, blessé lui aussi grièvement. Ces deux officiers étaient morts lorsqu'on les retrouva.

Mes deux bataillons s'étaient brillamment conduits à cette affaire; aussi le 119ᵉ était-il un des nouveaux régiments bien cotés au quartier général.

Je ne parlerai pas des escarmouches ou petits

combats d'avant-postes qui avaient lieu à chaque instant, ni des échanges de coups de fusil, soit en accompagnant un convoi de vivres ou de munitions, soit en faisant des reconnaissances. C'était le service journalier, et les pertes étaient souvent insignifiantes.

Pendant ce temps, près de trois cent mille gardes nationaux *jouaient au soldat* et *au bouchon* dans les murs d'enceinte de Paris. Le gouvernement leur donnait à chacun 1 fr. 50 par jour pour cette besogne et leur laissait croire qu'en continuant ainsi ils allaient sauver Paris et la France.

En changeant de grade et de régiment, je fus appelé deux ou trois fois à traverser la capitale pendant le siège; eh bien, chaque fois j'ai remarqué des mouvements exécutés par les gardes nationaux, des gardes montantes, descendantes, toujours dans la ville même ou dans les murs d'enceinte, cela à grand renfort de tambours. Chaque détachement, quelque faible qu'il fût, était toujours orné d'une magnifique cantinière, au baril bien rempli et marchant crânement au pas dudit détachement, conduit toujours tambour battant, les officiers flambants neufs et sabre au clair.

Les gardes se relevaient majestueusement dans

les fossés des fortifications, et une fois les *arrivants installés*, les parties de bouchon s'organisaient. La nuit, les fusils étaient chargés, et on entendait les voix inquiètes crier le fameux : Qui vive? Passe au large...

Pendant ce temps, nous, les soixante mille hommes de troupes régulières, il nous fallait faire face à toutes les nécessités du service des grand'-gardes, des avant-postes, des reconnaissances et des sorties. Nous faisions absolument comme les figurants dans la *Juive;* après une affaire, nous prenions le chemin de fer de ceinture et nous réapparaissions sur un autre point pour recommencer quelques jours plus tard, et ainsi de suite.

Nous avions beau faire, les Prussiens ne s'y trompaient point, malgré toutes ces ruses; ils savaient très bien ce qui se passait dans Paris et quel était le faible effectif de troupes réelles qui leur était opposé. Quelques bataillons de garde mobile furent sur certains points employés au service des avant-postes avec l'armée régulière, mais le nombre en fut très restreint, et ce fut très regrettable, car c'était la seule manière d'aguerrir ces hommes, dont le plus grand nombre ne connaissaient rien des choses militaires.

Plusieurs compagnies dites de francs-tireurs furent aussi créées; quelques-unes, bien organisées et bien commandées, rendirent des services assez importants, mais les autres saccageaient et dévastaient plus les châteaux, les villas et les maisons que les Prussiens eux-mêmes; de sorte qu'elles inspiraient plus de crainte et de terreur aux propriétaires que les terribles Allemands.

Les provisions de vivres commençaient à s'épuiser. Dès le commencement de novembre, il fallut déjà se rationner dans les familles. Dans l'armée, après avoir gaspillé tant soit peu les vivres de réserve au commencement du siège, on fut obligé de restreindre les rations de sel, de lard, de riz, de sucre et café, et même de pain et biscuit. Dans les boucheries de la ville, on débitait du cheval, et il était question déjà de faire de même des chats ainsi que des pauvres toutous.

Le pain était un composé ou mélange de paille hachée, de son, de bouffe d'avoine, enfin de tout ce que le gouvernement pouvait trouver. Il fallait bien souvent un marteau pour briser cette composition. J'en ai conservé un échantillon, qui certainement pourrait être l'objet d'un pari quelconque entre gens ignorant son origine.

Dans le courant de novembre, il fut question d'une forte sortie; les journaux parlèrent d'une armée commandée par le général Bourbaki, qui travaillait à débloquer Paris et qui devait opérer de manière à nous donner la main par le nord-est et le sud; quoi qu'il en fût, l'armée de Paris devait franchir les lignes prussiennes, gagner les plateaux de la Brie et se rabattre au sud pour se joindre à l'armée de la Loire, vers la forêt de Fontainebleau.

Des dispositions furent prises par le Comité de défense, et il fut décidé que la sortie aurait lieu le 29 novembre, dans la boucle formée par la Marne et en suivant la direction des routes passant à : Villiers-sur-Marne, Champigny, les bois Saint-Martin et la voie ferrée de Paris à Mulhouse. Les pontonniers reçurent l'ordre d'établir plusieurs ponts afin d'opérer simultanément le passage des colonnes d'attaque.

Le 28 au soir, l'armée était prête. La colonne du centre, de laquelle je faisais partie, campa dans le bois de Vincennes, et le lendemain matin, avant le jour, nous étions sous les armes; mais les mauvais temps des jours précédents amenèrent une crue tellement forte de la Marne que tous les ponts établis se trouvèrent trop courts, quelques-uns même furent emportés par le courant. Il fallut remettre l'opération au lendemain. Nous reprîmes notre campement dans le bois de Vincennes. On nous fit distribuer des couvertures supplémentaires, car la température s'était sensiblement abaissée.

Naturellement, les Allemands s'aperçurent de nos mouvements; du reste, leurs espions les renseignaient *trop bien,* hélas!

CHAPITRE XIV.

Passage de la Marne. — Bry-sur-Marne. — Villiers. — Champigny. — Paris affamé. — Succulent déjeuner. — Gardes nationaux à Paris. — Montretout.

Le 30, nous reprîmes les mêmes dispositions d'attaque. Ainsi que je l'ai dit, le 119ᵉ faisait partie de la colonne du centre. Après avoir traversé la Marne, sur un des ponts de bateaux établis par les pontonniers, à gauche de Joinville-le-Pont, et avoir franchi les Poulangis, nous nous dirigeâmes par la route n° 45 sur la voie ferrée de Mulhouse, que nous longeâmes jusqu'à hauteur des fours à chaux. Les volontaires de la Côte-d'Or doivent bien connaître ces fours, car ils y sont restés une partie de la journée et y ont même assez souffert du feu de l'ennemi.

Nous refoulâmes devant nous les avant-postes et grand'gardes ennemis, qui du reste ne firent qu'une très faible résistance. Les batteries prussiennes établies sur les hauteurs de Villiers, et spécialement celles de Cœuilly, commencèrent par nous couvrir d'obus. Nous nous arrêtâmes afin de mettre en état de défense le terrain conquis.

Les jeunes soldats avaient de l'entrain, et, vers onze heures du matin, nos troupes garnissaient toutes les crêtes depuis le plateau de Cœuilly jusqu'à celui de Villiers. Après un moment de répit, on attaqua les parcs de ces deux localités, mais ces vastes enclos étaient fortifiés d'une façon formidable. Notre artillerie était presque impuissante et plusieurs assauts allèrent se briser contre les obstacles établis par les Allemands.

Bientôt l'ennemi reprit l'offensive. On lutta corps à corps sur les deux plateaux, surtout devant Villiers, où le général Ducrot, l'épée à la main, entraînait tout le monde par son exemple. Malheureusement tous les efforts furent infructueux. Nous couchâmes cependant sur les positions conquises. La division Faron occupait Champigny. La division de Malroy tenait le plateau du four à chaux. Cinq mille hommes, a-t-on dit, jonchaient le champ de bataille. Comme on le voit, nos pertes étaient cruelles. Trois de nos généraux étaient blessés, dont le général Ducrot, légèrement. Huit chefs de corps étaient hors de combat.

Dans l'après-midi, j'exécutai avec mon bataillon une reconnaissance le long du ruisseau de la Lande, jusqu'à environ deux kilomètres en avant des fours à chaux déjà signalés. Nous échangeâmes quelques coups de fusil avec des tirailleurs ennemis, et je revins prendre les avant-postes de ma division (Berthaut).

Mon bataillon fut chargé de couvrir presque tout le terrain compris entre la route de Villiers et la voie ferrée, à gauche de cette dernière.

Le général mit à ma disposition deux mitrailleuses, commandées par un lieutenant d'artillerie. J'installai dans le plus grand secret ces deux mitrailleuses sur le flanc de la voie ferrée, profondément encaissée à cet endroit, de manière à enfiler complètement cette voie; je donnai l'ordre au lieutenant de pointer ses pièces dans le jour, mais de ne tirer que sur mon ordre formel, ses pièces ne devant être démasquées qu'au dernier moment. Du reste, deux batteries, une de 4 et une de 12, étaient établies à cent mètres environ derrière mon bataillon. Ces batteries répondaient aux batteries allemandes déjà citées.

J'essayai de faire creuser une tranchée pour abriter mes hommes et par cela renforcer la position occupée par mon bataillon, mais le terrain était tellement gelé que la pioche était impuissante à l'entamer.

On continua à se fortifier pendant la journée du 1er décembre. Nos soldats avaient grand besoin de repos; ils étaient épuisés par la privation du sommeil, les fatigues des jours précédents et surtout par le manque de nourriture substantielle. Impossible de faire cuire des aliments, et nous ne mangions que du biscuit; les privilégiés avaient un peu de chocolat. Il y eut un armistice qui permit d'enlever les blessés et les morts de part et d'autre.

La nuit du 1er au 2 décembre fut très dure; le thermomètre était descendu à plus de seize degrés au-dessous de zéro, et il fallait rester là, immobile et sans feu! Nous souffrions cruellement. Je ne m'étais pas déchaussé depuis plusieurs jours et je portais de grandes bottes dont les talons étaient complètement usés d'un côté et pas du tout de l'autre. J'avais les pieds très gonflés, et, en raison de ma mission et de ma responsabilité, je fus obligé d'exercer une grande surveillance de la droite à la gauche de mon bataillon, marchant ainsi toute la nuit.

Pendant la journée du 1er décembre, l'ennemi déploya une grande activité à réunir des renforts considérables, non seulement pour repousser une nouvelle attaque, mais pour nous reprendre les positions perdues le 30 novembre. Dans la soirée du 1ᵉʳ décembre, mon bataillon devait être relevé des avant-postes, mais le général qui prenait le service de nuit vint me trouver et me demanda de vouloir bien y rester jusqu'au lendemain, attendu que l'on savait que les Prussiens voulaient nous attaquer dès la pointe du jour et que, connaissant parfaitement le terrain occupé par mon bataillon depuis deux jours, il était préférable de m'y laisser pour le défendre...

J'avoue que cette demande d'un général, en pareil cas, me flatta tout d'abord, mais je n'étais pas seul en cause. J'en fis l'observation au général, qui me pria de faire accepter la chose par mes officiers et par mes hommes. On *grogna* un peu, on se fit prier, mais la nuit arrivait. Où allait-on nous envoyer? Et puis, quitter cette position d'avant-garde, de première ligne, sachant que l'ennemi devait nous attaquer!

Bref, nous restâmes en place. J'installai des embuscades, des sentinelles en avant de notre front, avec défense *formelle* de faire feu sans mon ordre, et nous attendîmes.

Plusieurs fois, dans le courant de la nuit, mes sentinelles avancées rentrèrent en me disant : « Les Prussiens sont là tout près de nous ; ils vont nous attaquer ! » Je les reconduisais à leurs postes en leur faisant des remontrances et les menaçant du conseil de guerre ; mais elles ne pouvaient rester aussi près de l'ennemi sans tirer, c'était plus fort qu'elles ! Enfin, un peu avant le jour, mes sentinelles rentrèrent encore en m'affirmant cette fois que les Allemands les suivaient. En effet, j'entendis un grand cliquetis d'armes qui se rapprochait... Je fis immédiatement coucher mes hommes à terre et apprêter les armes de manière à ne tirer qu'au bon moment et presque ras de terre, le terrain allant un peu en montant.

Dès que nous pûmes distinguer l'ennemi, à un peu moins de cent mètres, un feu nourri l'accueillit, et il faut croire que chaque coup porta, car les Prussiens n'insistèrent pas et, dès qu'il fit jour, nous pûmes distinguer des rangs entiers couchés sur le sol.

Au commencement de l'attaque, j'envoyai l'ordre au lieutenant commandant les deux mitrailleuses pointées sur la voie ferrée de faire feu à volonté. Quelques minutes après, j'entendis les détonations stridentes des mitrailleuses ainsi que de grands cris dans l'encaissement du chemin de fer. Ce fut à ce moment que quelques-uns de mes jeunes soldats prenant peur se relevèrent et, si je ne m'étais trouvé derrière eux, allaient *bravement* se sauver au pas de course du côté opposé à l'ennemi, bien entendu. Je saisis le premier qui m'arriva sous la main, je le fis tomber à mes genoux et, de l'autre main, je lui fis sentir le canon de mon revolver. Heureusement, je ne pressai pas la détente; je le vis là, à terre, demandant pardon les mains jointes. Je le renvoyai à sa place en l'accompagnant d'une bourrade. Tout cela fut prompt comme la pensée.

Il faut croire que cette répression énergique, accompagnée de quelques gros jurons, produisit assez d'effet pour arrêter ceux qui voulaient faire de même, car ils retournèrent immédiatement boucher le vide qu'ils avaient fait. Nos jeunes soldats sont pourtant comme cela, aussi prompts à aller de l'avant lorsqu'on sait les entraîner, qu'à *aller* en arrière au moment d'une panique ou défaite. Il leur faut le succès immédiat; alors, en payant d'exemple, on en fait des héros.

Voilà aussi à quoi tient souvent la réputation, l'avenir même d'un officier. Si je ne m'étais trouvé derrière les fuyards pour les arrêter, la panique se prononçait, et comme elle fait généralement de même qu'une traînée de poudre, je n'eus pas été bon à être jeté aux gémonies... et cependant j'avais fait tout mon devoir.

Un peu plus tard l'ennemi tenta une nouvelle attaque, mais elle eut le même insuccès que la première; mes hommes se possédaient maintenant et avaient confiance; puis la fusillade cessa des deux côtés.

Les batteries d'artillerie placées derrière moi eurent à supporter les feux convergents et presque croisés d'un grand nombre de batteries ennemies; aussi, en moins de vingt minutes, furent-elles démontées et mises hors de combat. Hommes, chevaux, caissons, tout fut bouleversé, brisé, anéanti. Le capitaine restait debout, à pied, ayant la tête enveloppée d'un linge ensanglanté; un maréchal des logis et un canonnier, tous deux à pied également, voilà tout ce qui restait de ces deux batteries. Eh bien, je les ai vus, ces trois vaillants, manœuvrer une de leurs pièces (la seule qui leur restait intacte probablement) et continuer le feu ainsi à eux trois; le capitaine pointait. Je me souviens de son nom; il se nommait Simon.

Au jour, vers sept heures et demie ou huit heures, le général Ducrot vint, accompagné de son nombreux état-major. Il me demanda comment cela s'était passé de mon côté. Je lui fis voir les nombreux Prussiens que nous avions abattus en avant de notre ligne, et, tout en lui faisant remarquer les débris de nos batteries d'artillerie, je lui fis observer que s'il restait quelques minutes à cet endroit, avec son état-major, les Prussiens leur enverraient certainement des obus. A ce même moment, trois obus arrivèrent de Cœuilly et éclatèrent presque dans le groupe. Le général ne fut pas touché, bien qu'il n'eût pas bougé, mais il perdit là un de ses jeunes aides de camp, qu'il affectionnait beaucoup, et un ou deux des soldats d'escorte.

Je conduisis le général auprès des deux mitrailleuses que j'avais fait pointer sur la voie ferrée. Il paraît qu'au moment où j'ordonnai au lieutenant d'artillerie de commencer son feu, la voie ferrée était entièrement occupée par une colonne à rangs serrés qui venait pour nous surprendre et nous tourner par notre droite. Chaque décharge de mitrailleuse tapait dans le tas, faisant ainsi des ravages épouvantables. Au moment où le général arriva, la chaussée était encore complètement couverte de cadavres ennemis. Il me complimenta chaudement devant ceux qui se trouvaient là, me reconnut en me rappelant sa visite devant Argenteuil et, cette fois encore, fit prendre mon nom par écrit.

Dans cette affaire d'avant-postes, grâce à notre vigilance et aux bonnes dispositions prises, je n'eus qu'une quinzaine d'hommes hors de combat, dont *neuf tués;* mais toute la division put ainsi, sans danger, prendre les armes ainsi que ses dispositions de combat.

Je ne m'attacherai pas ici à décrire la bataille de Champigny (2 décembre); mon bataillon resta dans ses positions jusque vers trois heures et demie de l'après-midi, heure à laquelle il fut relevé, ayant assisté de loin aux différentes phases du combat et sans souffrir du feu ennemi. Dans les duels d'artillerie, tous les projectiles nous passaient par dessus la tête.

Je pus cependant utiliser plusieurs escouades en leur faisant exécuter des feux de salve à longue portée, sur des batteries et sur des groupes ennemis qui tiraient sur Champigny. Ces feux portaient parfaitement. Voir, pour les autres descriptions et faits de la bataille : *Le siège de Paris,* par le général Ducrot, le récit de M. Dick de Lonlay, ou tout simplement la brochure explicative du *Panorama de Champigny,* par MM. de Neuville et Detaille.

Un peu avant d'être relevé du service d'avant-poste, mon soldat d'ordonnance m'avertit qu'à cent cinquante mètres en arrière, des soldats d'administration qui avaient amené des biscuits pour les hommes et de l'orge pour les chevaux faisaient une cuisine fort appétissante. J'allai jusque-là avec mon adjudant-major, et, en effet, je constatai que ces gaillards, ces *fricoteurs,* comme on les appelle dans l'armée, sont toujours les mieux servis.

Nous étions privés de pain depuis plusieurs jours, et surtout d'aliments chauds ; eh bien ! les susdits *fricoteurs* (c'est le cas ou jamais de les appeler ainsi) faisaient cuire des pommes de terre assaisonnées d'excellent lard, dans les couvercles de leurs marmites. Cela sentait si bon, ce fumet était si fin, si appétissant, qu'il nous rappelait les cuisines de Véfour ou des Frères Provençaux. Il faut avoir eu faim pour bien apprécier cela. « Que faites-vous donc là ? leur dis-je assez doucement, car j'avais des vues sur leur produit. — Vous le voyez, mon commandant, ce sont quelques pommes de terre que nous faisons cuire avec du lard. — Sapristi, ça sent bien bon ! Est-ce qu'il n'y aurait pas moyen d'y compter ? J'ai bien faim ! — Oh ! si, mon commandant, avec plaisir. » Puis l'un d'eux me coupa une grosse tranche de pain dans une belle miche de munition et me la couvrit entièrement de pommes de terre brûlantes. Mon adjudant-major ouvrait de grands yeux et se demandait sans doute si j'allais garder cette splendide tartine pour moi seul.

Je fis remarquer à l'aimable *fricoteur* que je n'étais pas seul à avoir bien faim et que je verrais avec grand plaisir mon adjudant-major être orné d'une *tartine* semblable à la mienne. Il ne se fit pas trop prier, et nous fîmes là un repas succulent, d'autant meilleur qu'il était imprévu, inespéré. Nous eussions payé de grand cœur un *louis* chaque tartine, et cependant le lard était jaune comme de l'or ; mais c'était si bon !

Nous passâmes la nuit suivante au bois de Vincennes, au bivouac, et le lendemain le 119ᵉ fut dirigé sur Levallois-Perret, joli village des environs de Paris. Par décret du 8 décembre suivant, c'est-à-dire six jours après Champigny, j'étais promu lieutenant-colonel et je prenais le commandement du 126ᵉ, de nouvelle formation. Je rejoignis mon nouveau poste à Charenton-le-Pont, en prenant juste le temps nécessaire pour faire remettre des talons neufs à mes grandes bottes.

Le 126ᵉ avait été formé, comme la plupart des régiments de marche, avec trois bataillons de dépôt de trois régiments différents. Il était bien composé, surtout en capitaines. J'en fus très heureux, car les capitaines jouent un rôle très important en campagne. Ce régiment avait en outre un très bon esprit de corps, malgré ses éléments de nouvelle formation.

Mon prédécesseur l'avait mis sur un bon pied ; j'eus la satisfaction de l'en féliciter : le lieutenant-colonel Neltner, premier lieutenant-colonel du 126ᵉ, avait eu un bras fracassé au combat de Bry-sur-Marne, le jour de Champigny ; il fut amputé et vécut encore un mois à peu près après l'opération. Ne pouvant plus rester au service, il me céda son équipement et un cheval ; j'eus donc une entrevue avec lui, et j'eus aussi l'honneur douloureux de lui rendre les derniers devoirs.

Nous partîmes de Charenton, toujours par le chemin de fer de ceinture, pour aller participer à l'affaire du Bourget. Mais le 126ᵉ fut placé en réserve, et il ne prit pas une part sérieuse au combat ; il resta, pendant presque tout le temps de cette affaire, en observation autour des bâtiments d'une certaine ferme de Drancy, aux toits troués, effondrés, aux murs presque éboulés et si fidèlement reproduite par l'artiste Neuville, dans un tableau actuellement au musée de Dijon.

Le froid continuait et les nuits étaient bien longues, au bivouac ! Nous passions quelques jours sur un point, puis sur un autre ; c'est ainsi que nous cantonnâmes au Bourget, à Aubervilliers, Bobigny, Drancy et aux Lilas, charmant village tant chanté par Paul de Kock ; mais, hélas ! il nous parut peu poétique d'y arriver vers une heure du matin par dix-huit degrés de froid, sans avoir rien pris depuis le matin de la veille et par un temps épouvantable, de la neige gelée, glissante au point de ne pouvoir rester à cheval, et avec cela cantonner dans les maisons démantelées, effondrées, presque sans toits, sans vitres aux fenêtres, et personne dans le village pour nous vendre ou nous offrir ce dont nous avions si grand besoin. La population avait fui ailleurs. Un de mes chefs de bataillon se dévoua, emmena deux ou trois sapeurs, et à force de chercher, par un temps pareil et à deux heures du matin, il finit, dis-je, par trouver à acheter quatre petits morceaux de cheval *crus*, bien entendu, à *cinq* francs le morceau. Chaque morceau était moins large que la paume de la main et de l'épaisseur d'une pièce de 5 francs.

Que faire de cette viande crue, sans feu, sans sel ? Nous brûlâmes une chaise, et en aiguisant chacun l'un des bâtons, nous présentâmes ainsi notre morceau de cheval au feu de la chaise, puis en arrosant ce *bifteck* d'un bon verre d'eau, nous *soupâmes... médiocrement !* Le médecin-major m'affirma que c'était très *hygiénique* de souper ainsi légèrement. C'était le moment où déjà dans Paris tout était vendu à des prix exorbitants, et chaque jour ces prix augmentaient.

Ainsi, pour le 1ᵉʳ janvier 1871, comme chef de corps, je voulus régaler les officiers qui vivaient à ma table. J'avais trouvé l'occasion d'acheter *un lapin, un vrai lapin !* Le malheureux avait dû être privé de dîner bien souvent, lui aussi, pendant ce maudit siège, car une fois mis à mort et sa peau enlevée, il ne restait pas grand'chose à manger. Je l'avais cependant bel et bien payé *cinquante-deux francs !* Comme la pauvre bête était insuffisante pour rassasier deux ou trois individus, à plus forte raison six ou sept affamés comme nous, mes sapeurs battirent l'estrade et me trouvèrent une douzaine d'œufs conservés, mal conservés, puisque quatre se trouvèrent mauvais; à 1 fr. 50 l'œuf, bon ou mauvais, on voit que c'était un prix doux.

Un de mes bons amis de Paris m'avait envoyé comme étrennes deux petits cochons d'Inde. On les ajouta au lapin étique et aux œufs; mais lorsqu'on apporta ces deux petits animaux rôtis sur la table, ce fut une surprise désagréable; on poussa les hauts cris; tous mes convives crurent que c'étaient de gros rats (on faisait alors une ample consommation de ces derniers dans Paris, en pâtés tout spécialement). Il me fallut leur donner l'exemple en y goûtant le premier, sans cela personne n'osait y toucher.

On pouvait encore trouver à manger, *à prix d'or,* dans quelques restaurants des grands quartiers, mais il fallait apporter son pain ou son biscuit; à n'importe quel prix on n'en pouvait trouver.

Pendant ce long siège, la population féminine de Paris fut admirable de courage, d'abnégation, de dévouement et d'endurance.

Il était vraiment bien pénible de voir dès le grand matin, par dix-huit degrés de froid, de pauvres femmes faire queue, à la porte des bouchers, pendant plusieurs heures, pour arriver à obtenir à prix d'or une livre ou deux de cheval plus ou moins appétissant, ou bien un quartier de chien ou de chat.

On conservait religieusement le peu de lait qu'on pouvait se procurer pour les vieillards et pour les enfants, mais le moment où il allait faire complètement défaut arrivait à grands pas; encore quelques semaines, et c'était tout.

Pendant ce temps, les gardes nationaux continuaient *leur service* dans les murs d'enceinte, et il paraît que certains d'entre eux étaient devenus de première force dans l'art de renverser un bouchon à une dizaine de pas.

Vraiment le général Trochu fut bien coupable de ne pas avoir *voulu* ou *su* tirer parti de ces braves gens, qui eussent fini par s'aguerrir un peu en faisant avec nous le service des grand'gardes; en tout cas, cela eût adouci le métier très dur que nous faisions à cette époque.

Je sais bien que les quelques essais qui ont été faits sur différents points ont échoué, en ce sens que toute la nuit ces gardes nationaux, livrés à eux-mêmes, exécutaient des *tireries* formidables à propos de rien, ce qui bien souvent faisait prendre les armes aux réserves et les fatiguait inutilement. Mais pour éviter cela, il fallait, je le répète, les adjoindre aux bataillons de l'armée régulière.

Il paraît que, le jour de Champigny, on fit venir plusieurs bataillons de garde nationale jusqu'au Bouquet (petit village qui touche à Champigny), mais après la bataille, bien entendu. Là, le général Trochu les passa en revue, et en les complimentant sur *leur bonne volonté, leur belle tenue,* etc., leur laissa croire qu'ils contribuaient à *sauver la France* et qu'il voyait très bien ce qu'il fallait attendre d'eux..... En attendant, il ne les a employés dans aucun combat, à l'exception du 19 janvier, à Montretout; nous allons y arriver.

Jusqu'au 18 janvier, le régiment fournit des travailleurs pour la construction d'une troisième ligne de tranchées de Meulan au canal de l'Ourcq, ainsi que pour l'établissement de batteries d'artillerie à droite et à gauche du fort de Noisy. Il fournit également des gardes pour assurer la sécurité de ce côté de nos lignes. Quelques alertes sans grande importance eurent lieu de temps à autre; elles se terminèrent presque toujours par un duel d'artillerie, auquel nos forts prirent part lorsque cela leur fut possible.

Les Prussiens continuèrent le siège en bombardant plusieurs de nos forts et quelques quartiers de Paris. Leurs buts de prédilection furent nos grands monuments et même nos hôpitaux; le Val-de-Grâce, entre autres, reçut plusieurs obus, qui heureusement ne commirent pas les dégâts espérés par nos cruels adversaires.

Les guerriers en chambre, les polémistes, journalistes et même les gardes nationaux, réclamaient à grands cris la grande sortie de délivrance. « Il faudrait, cette fois, disaient-ils, employer tout le monde, prendre de meilleures dispositions, alors tout bousculer et aller rejoindre les nouvelles armées qu'on avait dû former en province. » On leur donna satisfaction.

Le 18 au soir, tous les ordres furent donnés pour la journée du lendemain, en les ébruitant le moins possible. Je reçus l'ordre de partir des Lilas avec mon régiment dès *six* heures du soir et de prendre le chemin de fer à Belleville pour débarquer à Puteaux. Trois trains transportèrent mes trois bataillons, et vers onze heures du soir, nous fûmes installés dans ce dernier village.

Nous en repartîmes le lendemain 19 janvier, à *quatre heures du matin.* Le régiment stationna dans les rues de Suresnes, n'avançant que très difficilement, attendu que par suite du manque de précision dans les ordres donnés, toutes les rues, passages ou autres voies se trouvèrent obstrués, encombrés par les différentes troupes qui s'entre-croisaient et se coupaient continuellement. Il fallut poser des heures et des heures pour avancer de quelques pas.

Le village de Suresnes fut mis en état de défense, et de nombreuses barricades furent élevées dans les rues; ces barricades furent autant d'obstacles au passage des troupes.

Le 126ᵉ fut désigné pour faire partie de la réserve générale. Il dut donc laisser passer les régiments appelés à former les colonnes d'attaque. On forma trois de ces colonnes, l'une pour opérer à droite de l'objectif, l'autre à gauche, enfin la troisième au centre. Celle de gauche, commandée par le général Vinoy, devait longer la Seine, le chemin de fer de Versailles et prendre pour objectif la route de Montretout. Celle du centre, sous le commandement du général de Bellemare, devait marcher sur la ferme de la Fouilleuse et aboutir au plateau de la Bergerie. Enfin celle de droite, commandée par le général Ducrot, devait s'emparer du parc de Buzenval et gagner le village de Vaucresson.

Ces colonnes avaient leurs réserves soit au Mont-Valérien, soit à Bougival, soit à Suresnes.

Tous les journaux de Paris ont publié les détails de cette célèbre sortie, et beaucoup de livres en ont reproduit l'historique; je n'ai donc pas à en faire le récit. Par suite, il ne sera question ici que des faits auxquels j'ai pris part directement et qui se rattachent à mes *Souvenirs* par un intérêt quelconque.

Un peu avant le commencement de la bataille, mon général de brigade vint me prévenir que l'on allait m'envoyer deux bataillons de la garde nationale qui resteraient avec mon régiment en réserve générale, mais que je devais leur laisser toute liberté d'action si leurs commandants jugeaient à propos de la prendre, et que je ne serais *aucunement responsable de leur conduite*. En effet, ces deux bataillons arrivèrent et se massèrent comme le 126° dans un terrain voisin, à l'abri des projectiles ennemis.

Tout en arrivant, les deux commandants, ainsi que la plupart de leurs officiers, vinrent se présenter à moi et causer de la bataille. Je leur expliquai ce que je connaissais des dispositions prises, et je les avertis de se tenir prêts à marcher si l'on faisait appel à la réserve, ce qui ne tarderait pas sans doute. Nous étions alors à plus d'un kilomètre du commencement du champ d'opération; malgré cette distance, les officiers visitèrent leurs pistolets ou revolvers, tirèrent leurs sabres et voulaient *quand même* et *sans ordres* aller tout massacrer.

Je leur fis comprendre que le moment n'était pas encore venu, qu'il fallait attendre... Cependant, quelques instants plus tard, un mouvement se produisit. Nous entendîmes de nombreux coups de canon avec une vive fusillade du côté de Montretout, et les premiers blessés commencèrent à arriver.

Cela parut impressionner mes gardes nationaux, car je les entendis faire des réflexions comme celles-ci : « Je n'ai rien pris depuis hier, disait l'un, et j'ai faim; je vais voir par là si je trouve quelque chose. » « Moi, dit un autre, j'ai laissé ma femme malade à la maison; je vais voir si elle va mieux. » Un troisième ajoutait : « Après tout, ce n'est pas mon métier de me battre ; c'est bon pour l'armée. Qu'est-ce que cela me rapportera de rester ici ? Je m'en vais, etc., etc. » ; et ils s'en allèrent par groupes, avec armes et bagages...

Je fis appeler les chefs de ces bataillons et leur montrai ce qui se passait. « Que voulez-vous ? me dirent-ils. Nous n'y pouvons rien. *Ces gens-là ont à faire chez eux !* » Et ils défilèrent tous jusqu'au dernier, au point que lorsque nous nous portâmes en avant, il ne restait pas vingt hommes de ces deux bataillons, dont les chefs voulaient tout sabrer à un kilomètre de l'ennemi. De la briqueterie nous nous portâmes jusqu'à la Fouilleuse, grande ferme à cheval sur différents chemins qui venaient d'être enlevés à l'ennemi.

Les deux colonnes de gauche et du centre atteignirent leurs objectifs, non sans difficulté ; elles subirent des pertes sérieuses, mais enfin elles tenaient Saint-Cloud, la ligne de Versailles, la redoute de Montretout, les hauteurs de Garches, la maison du curé (qui fut prise, perdue et reprise plusieurs fois dans la matinée), ainsi que le château de Buzenval, véritable forteresse entourée de fossés sérieux et d'un grand parc aux murs crénelés. C'est devant ce château que tomba notre célèbre peintre

Henri Regnault. Mais la colonne de droite (général Ducrot) rencontra tellement d'obstacles à franchir sur sa route, continuellement encombrée par les troupes des autres colonnes qui lui barraient le chemin, qu'elle ne put arriver à l'heure prescrite sur le lieu du combat. D'après l'ordre du quartier général, toutes les troupes devaient être à leurs postes d'attaque dès *six* heures du matin.

Or, vers *huit heures* seulement débouchaient les têtes des divisions. Ces retards eurent malheureusement l'influence la plus funeste sur les résultats de la bataille. Les Prussiens, ne se sentant pas attaqués par la droite, essayèrent de nous tourner et réussirent à faire reculer *pendant un moment* les vainqueurs des colonnes de gauche et du centre.

Le général Ducrot se multiplia et fit des prodiges de valeur afin de rattraper un peu le temps perdu; mais, hélas! il était trop tard; la nuit venait, et nos pertes étaient très grandes.

Le sol était tout détrempé, nous étions dans la boue jusqu'aux genoux, et dans ces chemins boueux défoncés on n'avait pu utiliser notre artillerie, laquelle, par extraordinaire, n'avait pour ainsi dire que des pièces lourdes de 12 ou des mitrailleuses. C'eût été là ou jamais l'occasion d'utiliser nos pièces de 4, beaucoup plus légères. Eh bien, chose incroyable, elles n'y étaient pas !

Bref, l'affaire était manquée, la nuit était venue, tout espoir était perdu, et trois mille hommes restaient sur le champ de bataille. On organisa la retraite. Mon régiment fut porté en avant pour la protéger. Des grand'gardes furent placées dans ce but, et pendant toute la nuit, par une brume grise, épaisse et très froide, nous restâmes sur le qui-vive, l'arme au pied, recevant de temps en temps quelques balles perdues tirées par les avant-postes allemands, mais qui ne blessèrent qu'une dizaine d'hommes.

Cette nuit me parut bien longue. Après avoir placé mes sentinelles et avoir pris des précautions pour éviter toute surprise, je m'étais assis la tête contre un arbre, l'estomac complètement vide ; je me souvins alors que le matin, en passant à Suresnes, j'avais chargé quelqu'un d'acheter, *coûte que coûte*, quelques-unes de ces boîtes-conserves de viande dont les plus petites (moins grosses qu'une boîte à sardines) furent payées *six* francs *l'une!* Il paraît que deux de ces boîtes, achetées en mon nom, furent confiées au havresac d'un de nos tambours ; mais le soir, lorsqu'on voulut retrouver ce bruyant guerrier, on ne le retrouva plus. A-t-il été tué en arrivant sur le champ de bataille ? A-t-il été enlevé ? Je ne l'ai jamais su ; cet homme a été porté comme disparu, et mes boîtes de viande avec lui.

Quelques-uns de mes sapeurs partagèrent avec moi leur biscuit réglementaire ; ce fut tout ce qui constitua mon dîner le 19 janvier, et tout le 126ᵉ n'en eut pas davantage.

Pendant toute la nuit l'évacuation du terrain s'effectua en silence, et, au petit jour, il ne restait plus que mes avant-postes en face des Prussiens. Je fis une reconnaissance ; l'ennemi ne s'était pas avancé.

Je reçus l'ordre de rentrer à Puteaux, où nous pûmes nous réconforter un peu et où nous fîmes séjour.

Le 22 janvier, départ de Puteaux à midi, entrée dans Paris vers quatre heures et arrivée du régiment sur la place de l'Hôtel de ville vers six heures. L'ordre, un instant troublé par des émeutiers, fut promptement rétabli ; nous occupâmes les maisons importantes donnant sur la place et sur les rues aboutissantes. La nuit fut calme.

Le 23, le 126ᵉ quitte la place de l'Hôtel de ville et va occuper les bâtiments en construction du nouvel Hôtel-Dieu. Ces bâtiments sont loin d'être achevés; les ouvertures des portes et fenêtres attendent leurs boiseries, rien n'est clos; enfin on s'arrange comme on peut. Pour ma part, j'ai un matelas posé sur une grande table à dessiner; c'est mon lit, et je m'y trouve très bien.

Le régiment est chargé de la garde des ponts et passages de la Cité, ainsi que de celle du parc d'artillerie de la garde nationale et enfin de la prison de Mazas. Il se tient toujours prêt à prendre les armes au premier signal. A cette époque la discipline était assez difficile à maintenir, surtout dans des bâtiments complètement accessibles et non clos. Nos soldats étaient déjà *travaillés* par les futurs communards, qui cherchaient par tous les moyens possibles à les embaucher dans leurs idées, ou bien plutôt à les *débaucher* de leurs devoirs. Heureusement que le 126e résista à toutes les avances faites par ces *sans patrie* qui, quelques mois plus tard, devaient mettre Paris à feu et à sang devant les Allemands. Je le dis avec un certain orgueil, pas un de mes hommes ne dévia de ses devoirs, et je n'eus que des félicitations à leur adresser.

Après la bataille du 19 janvier et à la suite des excellentes dispositions prises sur la place de l'Hôtel de ville, je fus proposé pour la croix d'*officier* de la Légion d'honneur, mais le travail comportant les nouvelles propositions, parvenu cependant sous les yeux du général Trochu, ne fut pas signé; le général remit cette formalité à plus tard, et ma proposition, ainsi que celles de beaucoup d'autres, n'aboutit que *treize années* plus tard.

Dans les premiers jours de février, tous les généraux et chefs de corps furent convoqués au ministère de la guerre. Il y eut là une scène douloureuse, *qui m'impressionna beaucoup*. Le général Le Flô, alors ministre de la guerre, entouré des généraux Trochu, Ducrot, Berthaut, etc., fit, avec la plus vive émotion et les larmes aux yeux, l'aveu que l'armée comme la population civile allait manquer de vivres; il n'y en avait plus que pour les vieillards, les enfants et les femmes, et enfin que nous en étions arrivés... *à la capitulation!*

Je frissonne encore aujourd'hui, après plus de vingt-cinq ans passés, en pensant à cette scène déchirante. Les larmes coulaient de tous les yeux... Tous ces visages bronzés, tirés, fatigués par les privations et les soucis de la guerre, déchiraient le cœur rien qu'à les voir... Plusieurs de ces vieux généraux, de ces anciens soldats qui avaient bravé tant de fois la mort sans sourciller sur maints champs de bataille, sanglotaient comme des enfants et montraient le poing à des êtres... *invisibles,* mais qu'on devinait sans peine.

Je me souviens de ces paroles du général Le Flô : « Messieurs, nous dit-il, il faut succomber, nous résigner, mais... faisons la promesse d'élever nos enfants dans la *haine du Prussien!* » On se sépara la mort dans l'âme, et chacun se dirigea de son côté. Je rentrai au régiment, et, après avoir rassemblé mes officiers, je leur fis part de la communication ministérielle.

Comme on le pense bien, ce fut une seconde scène bien pénible. En vertu de la capitulation, les régiments de l'armée de Paris rendirent leurs armes, à l'exception d'une division, maintenue armée pour le service d'ordre public. Les officiers restèrent armés. Le 126ᵉ fut désarmé un des derniers; je dus même provoquer des ordres pour verser les fusils des hommes qui allaient être libérés.

Dans le courant de mars, les régiments désarmés reçurent l'ordre de quitter Paris avec quatre jours de vivres et de se diriger par étapes sur certaines villes de province, d'où on devait renvoyer dans leurs foyers, avec feuilles de route, tous les hommes libérables; ceux qui restaient liés au service devaient être dirigés sur les garnisons occupées par les dépôts des régiments anciens, *correspondants de numéro :* ainsi mon 126ᵉ dut fusionner, officiers compris, avec l'ancien 26ᵉ d'infanterie, dont le dépôt était à Cherbourg.

Nous partîmes de Paris pour Chartres, où devait avoir lieu la libération. De Paris à Chartres, il y a *quatre* étapes, et, bien que nos hommes eussent reçu chacun quatre rations de vivres (la capitale était alors ravitaillée en pain, lard, sel, etc.), nous avions à traverser beaucoup de villes et de villages encore occupés par l'armée allemande, et il n'était pas possible de s'arrêter dans ces localités soit pour y loger, soit pour y cantonner; aussi on laissa tout le monde libre de doubler ou de tripler les étapes, d'aller même d'une seule traite jusqu'à destination. C'est ce que firent surtout les officiers montés : il était réellement trop pénible de passer ainsi plus ou moins déguenillés et *sans armes devant nos ennemis,* qui (je dois le dire à l'honneur de ces derniers, que nous rencontrâmes sur notre route) détournèrent la tête et firent semblant de ne pas nous voir.

A Chartres, le quatrième jour, aucun de mes hommes ne manquait à l'appel. Le triage se fit avec beaucoup d'ordre. Lorsque les libérables furent partis, je formai un détachement de tous ceux qui restaient. Je le plaçai sous le commandement du plus ancien chef de bataillon, secondé par un cadre d'officiers choisis, avec tous les sous-officiers, et il partit par les voies ferrées pour Cherbourg.

Tous ceux qui n'étaient pas indispensables obtinrent des permissions. Je fus de ceux-là. Toute ma famille était à Dijon, depuis le commencement de la guerre, et cette ville était occupée encore par les Allemands. Depuis l'investissement de Paris, je n'avais pas reçu de nouvelles de ceux qui m'étaient chers; les ballons et les pigeons avaient emporté les miennes, mais moi je n'en reçus aucune avant la capitulation.

J'arrivai à Dijon dans le fourgon d'un train de marchandises, le service régulier n'étant pas encore réorganisé, et je me souviens d'avoir traversé la gare et la ville en tenue, sabre au côté, avec mon soldat ordonnance également en militaire, sans être inquiété, pas même interrogé! J'appris plus tard que la chose était défendue et affichée à la gare, mais je l'ignorais alors.

Après les misères et les secousses du siège, j'avais réellement besoin de calme et d'un peu de repos; malgré cela, j'appris que l'on formait à la hâte des régiments pour combattre la Commune. Je repartis aussitôt pour Cherbourg, où rentraient les prisonniers de Metz et de Sedan, et où était, ainsi que je l'ai dit, le dépôt du 26° de ligne, mon nouveau régiment. Le colonel Hanrion, qui le commandait, était alors en convalescence aux eaux d'Uriage, par suite d'une blessure reçue à Ladonchamps.

Malgré le grand nombre de lieutenants-colonels disponibles par suite de la fusion des régiments de marche avec les anciens, *un deuxième* lieutenant-colonel fut nommé au régiment. On se demanda pourquoi. De sorte que nous nous trouvions *deux* du même grade; mais comme plus ancien, je pris le commandement par intérim.

Je viens de dire que l'on se demanda pourquoi ce deuxième lieutenant-colonel fut nommé, malgré le grand encombrement des officiers de ce grade; il eût été cependant facile de répondre. Ce nouveau promu était tout bonnement un vieux chef de bataillon de l'ex-garde impériale, à la veille de sa retraite, et qui n'avait aucune campagne, aucun titre de guerre, mais qui en possédait un *de famille primant tous les autres*... c'était celui d'être le *propre beau-frère* du général Chanzy, alors tout-puissant.

Cette illégalité hors tour, hors justice, révoltante en un mot, fut le point de départ d'une autre injustice que je ne suis pas le seul à qualifier *d'infamie* et qui fut commise plus tard par la fameuse commission de revision des grades, laquelle infamie retarda certainement mon avancement et m'empêcha, ainsi qu'on le verra, d'arriver au généralat.

Le général de Lartigues et le colonel d'état-major Ducrot, frère du général, furent envoyés à Cherbourg, afin d'organiser des régiments avec tous les éléments qu'ils pourraient rassembler et de les expédier immédiatement à Paris, où la Commune se formait et commençait la triste série d'événements que l'on connaît. Un nouveau régiment fut donc formé : 1° avec les cadres provenant de mon ex-126ᵉ ; 2° avec les anciens gradés du 26ᵉ qui rentraient journellement de captivité ; et enfin complété avec quelques autres officiers et hommes d'autres régiments.

Il fut ensuite expédié par les voies ferrées sur Paris.

Ce fut à ce moment que j'arrivai pour prendre possession de mon nouveau poste; ma permission n'était pas expirée. Je demandai au général Lartigues à partir avec mon régiment, mais il me refusa énergiquement en alléguant que j'étais à ma place régulière au dépôt, qu'il avait absolument besoin de moi et qu'il me gardait pour l'aider dans l'organisation d'autres régiments qu'il allait former. D'ailleurs, le colonel Hanrion allait rejoindre son poste, et enfin il y avait déjà un autre lieutenant-colonel qui attendait le régiment à Paris.

Je fus donc obligé de rester à Cherbourg pendant tout le temps de la Commune, et ce ne fut qu'à la complète réorganisation de l'armée que je vins prendre ma place de lieutenant-colonel *titulaire* du 26° de ligne, alors en garnison à Courbevoie.

CHAPITRE XV.

Courbevoie. — Général Berthaut. — Révision des grades. — Montpellier. — Lyon. — Deuxième nomination au grade de lieutenant-colonel.

Pendant plus d'une année, nous fîmes, sous la haute direction du général Berthaut, notre divisionnaire (futur ministre de la guerre), de la bonne besogne; nous répétâmes, comme instruction, presque toutes les opérations et combats du siège de Paris, et beaucoup des modifications apportées depuis cette époque dans nos manœuvres et dans nos règlements militaires furent puisées dans ces exercices.

Le général Berthaut possédait une haute intelligence; c'était un stratégiste hors ligne et un travailleur infatigable. Il fut le premier ministre de la guerre qui *fouilla* à fond dans les cartons et dans les bureaux de son ministère en tentant d'y apporter des réformes importantes. Il eut à lutter énergiquement contre la coalition des *vieux ronds de cuir* et contre d'autres adversaires. Divers événements le renversèrent malheureusement, et, peu de temps après, la mort l'enleva à la France. Ce fut une grande perte pour le pays, qu'il aimait tant.

Pendant cette guerre atroce de l'année terrible, le gouvernement de la Défense nationale se trouva à chaque instant obligé de faire des nominations de toutes sortes dans les rangs de l'armée, afin de remplir d'urgence les vacances; cela, sans connaître les candidats, sans avoir les moindres renseignements sur ces derniers, c'est-à-dire complètement au hasard. On comprend qu'il se soit fréquemment fourvoyé. Il en était résulté de grands troubles dans les cadres et de très sensibles irrégularités. De certains officiers n'ayant aucun titre à l'avancement, d'autres même en retrait d'emploi pour inconduite, pour maladie, ou qui n'avaient jamais fait de service de guerre, se présentèrent à Bordeaux, et là, sans examen, à leur simple vue, furent bombardés d'un ou de plusieurs grades... Ces grands favorisés se présentaient ensuite dans leurs nouveaux corps, où ils étaient inconnus, et le tour était joué.

Après la guerre, il y avait donc quelque chose à

faire, à voir, à rectifier, afin de régulariser toutes ces situations, spécialement celles des officiers de l'armée de la Loire ou des officiers rentrant de captivité qui avaient signé la proposition de ne plus servir contre l'Allemagne et qui se retrouvaient dans les cadres. Ceux de l'armée de Paris n'étaient pas dans ce cas, puisqu'ils avaient toujours eu leurs chefs hiérarchiques ; par suite leurs nominations étaient régulières, et il n'y avait pas lieu de les reviser.

Il y avait du reste une chose très simple à faire : c'était de remettre chacun dans le grade qu'il possédait au moment de la déclaration de guerre et d'apprécier ensuite *ce que chacun avait fait pour mériter de l'avancement.*

Mais non ; comme toujours, on adopta le plus mauvais des systèmes. Le gouvernement forma une haute commission de revision des grades, dont les décisions furent souveraines. Or, tous les officiers qui avaient acquis des grades autre part que devant l'ennemi, tous ceux qui ne se sentaient pas d'aplomb, ceux enfin dont le passé n'était pas irréprochable et qui s'étaient fait réintégrer avec avancement, par surprise, ruse ou recommandation, tous ces officiers, dis-je, firent des démarches auprès des *hauts bonnets* de cette fameuse commission, composée de sénateurs, de députés et autres, *tous civils,* à l'exception du président, le général Changarnier, une de nos gloires militaires d'autrefois, mais qui, dans ce rôle, laissa fort à désirer... Les officiers en question firent des démarches et réussirent à se faire maintenir dans leurs grades, tandis que beaucoup d'autres, qui avaient sérieusement fait leur devoir au feu, à leur place de bataille et au prix bien souvent de blessures graves, furent revisés et replacés dans leurs grades primitifs. Avais-je tort d'appeler cela *une infamie?*

Je fus une des victimes. La commission de revision m'avait tout d'abord maintenu non seulement dans mon grade de lieutenant-colonel, mais dans mon ancienneté de grade, puisque, en somme, je n'avais eu en dehors des prescriptions normales que ce dernier grade. Je l'avais, comme je l'ai dit précédemment, gagné au feu, en risquant ma vie, en un mot, en payant de ma personne. Eh bien, soit par l'influence du nom, de la parenté avec le général Chanzy, soit par suite des démarches faites par le beau-frère de ce dernier, lieutenant-colonel *à la suite* dans mon régiment, ce vieil officier qui n'avait jamais rien fait, *ni avant, ni pendant, ni après* la guerre, et qui ne pouvait plus rendre aucun service puisqu'il était sourd comme une outre, eh bien! il fut *maintenu* par l'infernale commission et je fus *sacrifié*.

Que l'on me pardonne cette amère digression; cette injuste rétrogradation me fut si sensible! Je fus remis chef de bataillon au 84° de ligne, régiment qui avait fusionné avec un régiment de l'ex-garde, dont tous les officiers supérieurs étaient beaucoup plus anciens que moi et qui tenait la garnison de Montpellier. Quelle perspective pour moi, qui venais de Cherbourg et Courbevoie!

Dès que je connus ma rétrogradation, j'allai trouver le général Berthaut. Il fut très peiné de cette revision et écrivit immédiatement une lettre au général Ducrot, lettre dont j'ai la copie et que la modestie m'empêche de reproduire ici, mais qui constitue en ma faveur la plus belle et la plus élogieuse page de notes données à un officier.

Je partis pour Versailles. Le général Ducrot, en apprenant l'injustice dont j'étais l'objet, fut pris d'une violente colère et me dit : « Il faut d'abord obéir. Partez, mais je prends votre affaire en main, et quand je devrais les interpeller du haut de la tribune... nous allons voir! Je ne veux pas passer pour un imbécile ; si je vous ai fait nommer lieutenant-colonel, je sais pourquoi. »

Il y avait alors *quatorze* mois que j'étais en possession de ce grade, conquis, on l'a vu, en faisant mon devoir sur le champ de bataille. Comme, après le siège, nous étions complètement dépourvus d'effets militaires, je venais de me faire confectionner trois tenues de lieutenant-colonel et d'acheter mon deuxième cheval obligatoire ; je fus donc obligé de retransformer tout cela et de partir avec toute ma famille pour Montpellier.

Le colonel du 84ᵉ m'accueillit avec beaucoup de cordialité. Il connaissait mon histoire, et, avec le cœur navré, il me fit comprendre que je tombais très mal au 84ᵉ, où mes collègues avaient presque tous *dix* ans de grade et que son tableau d'avancement était complet.

Le général Ducrot tint sa promesse et fit tout ce qu'il put pour me faire réintégrer dans mon grade ; il ne put y réussir. C'est à ce moment qu'il fut pris à partie par les Allemands au sujet de son évasion de captivité et qu'il fut tant tourmenté par des rétrogradations semblables à la mienne, lesquelles lui tenaient au cœur, attendu que ses candidats avaient gagné leurs grades au feu, en payant de leurs personnes, que, par conséquent, ils étaient mérités. Il se fâcha très fort à la tribune, mais *il lui fallut céder, ainsi que bien d'autres.*

Plusieurs généraux s'en occupèrent également, mais, hélas! sans succès. Il leur fut répondu que la commission de revision était souveraine et qu'il me faudrait attendre le temps réglementaire pour être renommé lieutenant-colonel.

Je dois citer ici un autre fait qui aidera à apprécier la clairvoyance et l'esprit de justice de la haute commission de revision des grades. Ceci à propos des défenseurs de la citadelle de Bitche.

A une certaine grande revue passée à Paris, on acclama tout spécialement le régiment qui était resté pendant toute la campagne dans la forteresse de Bitche, de laquelle j'ai déjà parlé. Ce régiment avait été formé avec un bataillon du 86e, mon ancien régiment, et avec des malingres ou convalescents des quelques autres régiments qui se trouvaient à portée. Le commandant fut nommé lieutenant-colonel, et deux de ses capitaines chefs de bataillon.

Tous ces prétendus défenseurs de la citadelle (laquelle est perchée au sommet d'un monticule comme un nid d'aigle), qu'on s'est plu à appeler

« les héros de Bitche », furent, du petit au grand, les plus heureux, sinon les plus tranquilles de toute l'armée française.

Ainsi que je l'ai dit au commencement du récit de la guerre, les approvisionnements de toute espèce manquèrent tout d'abord à Bitche, mais ils y arrivèrent ensuite en quantité suffisante pour permettre à tous nos héros en question de passer très tranquillement tout le temps de cette guerre néfaste, sans souffrance, sans privation, et j'ajoute *sans le moindre danger*. Les Allemands se tinrent à bonne distance de la citadelle et ne demandèrent qu'une chose à nos héros déjà nommés, c'était de rester aussi tranquilles qu'eux.

Il n'y eut donc de pertes ni d'un côté ni de l'autre, mais nos célèbres défenseurs de Bitche n'en furent pas moins très largement récompensés d'un grade et d'une nomination dans la Légion d'honneur, pour chacun des officiers. Tous furent en outre acclamés à la revue, ainsi que je l'ai dit plus haut, et félicités par la souveraine et haute commission de revision !

Pensez-donc ! c'était la seule place de guerre qui ne s'était pas rendue à l'ennemi ! Je le crois bien.

On me reporta au tableau d'avancement dès que cela fut possible, mais, on le sait, ce tableau était encombré, et ce ne fut qu'au mois de mai 1875 que je pus reprendre mes cinq galons. Auparavant je dus supporter encore beaucoup de tribulations militaires et autres.

Ainsi, trois mois après mon installation au 84ᵉ à Montpellier, pendant lesquels je fus forcé de changer deux fois de logement, ce régiment dut partir pour *Valenciennes!* On voit de suite combien les conséquences de cette rétrogradation imméritée durent m'être pénibles, moralement d'abord, puis physiquement, car enfin, moi, je voyageais avec le régiment aux frais de l'État, mais pour ma famille il n'en était pas de même, et j'avais déjà *trois enfants*.

A peine installés à Valenciennes, on nous envoya exécuter nos tirs à longue distance au polygone de Douai; puis, nous rentrâmes pour repartir deux mois après pour la même destination, où l'on formait le 127ᵉ d'infanterie. Je fus compris dans cette formation comme commandant du 2ᵉ bataillon. Enfin, trois mois plus tard, je repartais avec ce bataillon en détachement à Condé-sur-l'Escaut. C'est dans ce trajet, qu'étant logé chez de braves gens qui m'accueillirent très cordialement et me dirent de ne pas m'en étonner, attendu que leur gendre était aussi chef de bataillon, revisé comme moi de lieutenant-colonel, et qu'ils seraient bien heureux de l'avoir chez eux en même temps que moi, mais qu'il était à Lyon, au 27ᵉ de ligne, où il ne se plaisait pas.

Je leur dis alors en plaisantant : « Il est probable qu'il serait heureux d'être à ma place, comme je le serais d'être à la sienne! » Ces bonnes gens firent part de cette réflexion à leur gendre, le commandant Jacob. Celui-ci m'écrivit immédiatement que, si je voulais bien consentir à notre permutation, il se chargerait de la faire aboutir sans que j'aie à m'en occuper.

J'acceptai d'autant plus volontiers que je me déplaisais dans le Nord et qu'en retournant à Lyon, j'allais me retrouver sous les ordres du général Ducrot, commandant alors du 8ᵉ corps à Bourges. Moins de quinze jours après, la permutation était autorisée et je venais prendre le commandement du 1ᵉʳ bataillon du 27ᵉ de ligne à Lyon.

Le général Bourbaki, gouverneur de Lyon, qui m'avait connu en Algérie et en Crimée, me reçut avec bonté. Il contribua, avec le général Ducrot, à me faire redonner mon grade de lieutenant-colonel, mais leurs démarches ne purent aboutir, ainsi que je l'ai dit, que le 10 mai 1875.

Je fus nommé au 99ᵉ de ligne. Ce régiment se trouvait alors à Montélimar, mais dépendant de l'armée de Lyon; il était un des mieux réorganisés; son drapeau était décoré, et il jouissait d'une grande réputation dans l'armée ainsi qu'auprès des généraux.

J'étais d'autant plus fier de lui appartenir que beaucoup de mes prédécesseurs, dans ce grade ou dans celui de colonel, avaient été mes anciens chefs ou mes camarades, et j'en retrouvais à chaque instant de glorieuses traces ou de brillants souvenirs dans le registre *historique du corps* que doit tenir le lieutenant-colonel.

Pendant cinq années j'occupai ce poste, tant à Montélimar qu'aux camps de la Valbonne, de Sathonay et dans les différents quartiers de Lyon. Le général Farre succéda au général Bourbaki dans le commandement de Lyon. J'eus l'agréable chance d'être en aussi bonnes relations avec le second qu'avec le premier de ces excellents généraux.

Les ouvriers des grandes fabriques de Vienne,

où était le dépôt du 99ᵉ, devinrent turbulents, inquiétants, et voulurent se mettre en grève. C'est alors que je fus envoyé dans cette ville, où il n'y avait que le dépôt du régiment et un escadron de cavalerie. Je pris le commandement des troupes et je m'installai. A ce moment se place un incident baroque qui peut cependant intéresser mes lecteurs.

Vienne est une jolie petite ville établie sur les bords du Rhône et entourée de riants coteaux vignobles assez appréciés. C'est aussi la contrée de France où peut-être l'on retrouve le plus de traces et de vestiges romains. Chaque coup de pioche dans son sol découvre presque toujours des objets ou des souvenirs provenant du séjour des armées romaines. Or, en 1879, le congrès archéologique de France se tint à Vienne sous la présidence de M. Léon Palustre.

Le général Farre fut invité aux fêtes de ce congrès et vint y prendre part avec quelques officiers de son état-major. J'eus également cet honneur, et ce brave congrès nous promena du fond des souterrains et de certaines excavations au sommet des tours et élévations du sol, cela par une chaleur tropicale que les savants négligeaient, méprisaient peut-être, mais qui était assez pénible pour nous, officiers en tenue, boutonnés, sanglés dans nos uniformes. Ce qu'il y a de certain, c'est que le général partageait mon appréciation.

Le soir, M. le sous-préfet donna un grand dîner auquel je fus aussi invité. Il y avait là plusieurs généraux et quelques savants archéologues. Je ne sais qui amena la conversation sur l'emploi des tambours, des clairons et des musiques en campagne.

On fit appel à ma modeste opinion sur ce sujet. Je déclarai que partout, en Algérie comme en Crimée, partout enfin où l'armée fut appelée à opérer, en montagne comme en plaine, dans les sièges et spécialement pendant la nuit, on constata que le tambour devient non seulement inutile mais gênant; d'autant plus que le malheureux ne pouvant, à part quelques rares occasions, se servir de sa caisse, ne sait où se fourrer; n'ayant rien pour se défendre (les tambours n'étaient pas encore armés du revolver), il abandonne alors son instrument encombrant pour prendre le fusil d'un tué ou d'un blessé. Si la caisse d'un tambour passe la nuit dehors, surtout par un temps humide, un faible brouillard même, la peau est mouillée et ne donne plus qu'un son sourd et insuffisant. De plus, le moindre accroc, un petit trou dans la peau, et elle est hors de service. D'un autre côté, il faut plusieurs années, suivant l'aptitude du sujet, pour former un tambour et arriver à lui faire battre l'ordonnance.

Enfin, c'est une non-valeur, un non-combattant, et il y avait alors *deux* tambours en *pied* et deux élèves par compagnie, ce qui fait *quarante-huit* non-valeurs par *régiment!* Tandis que le clairon est tout d'abord *un combattant,* faisant le coup de feu comme les autres soldats; il n'est pas encombrant et passe partout, sonne par tous les temps et est entendu au loin. En outre, un clairon peut être formé en quelques mois.

Bref, je fis consciencieusement et de mon mieux ressortir les avantages de ce dernier, comparativement aux inconvénients du premier, en appuyant mon raisonnement de ce que j'avais toujours vu en Afrique comme au siège de Sébastopol.

En somme, tous ces messieurs furent de mon avis, et quelque temps après, le général Farre, devenu ministre de la guerre, lança le décret supprimant les tambours. Je n'en fus pas très surpris. Mais la question n'était pas mûre, et, à mon avis, elle né fut ni étudiée, ni présentée comme elle eût dû l'être.

Aussi ce décret souleva des tempêtes dans le public, et tout spécialement dans les journaux. On en fit une question nationale et patriotique, comme si le clairon était moins patriote que le tambour. Enfin, sans la moindre réflexion sérieuse, on réclama à cor et à cri le rétablissement des peaux de caisse.

Cela fait si bien, un jour de grande revue, un beau peloton de tambours en tête du défilé! C'est vrai, et moi-même j'ai éprouvé cette émotion, étant gamin d'abord, puis comme colonel arrivant à cheval derrière cette chaudronnerie bruyante: mais, *c'est dix mille hommes de moins dans les combattants*.

CHAPITRE XVI.

Nomination au grade de colonel. — Le 56ᵉ de ligne à Dijon. — Promotion comme officier de la Légion d'honneur.

Depuis deux ans j'étais au tableau pour l'avancement. Je fus prévenu que j'allais être compris dans la première promotion, et, désirant connaître l'endroit où je devais être envoyé, je partis pour Paris et je me présentai au ministère. Le général me reconnut et me fit un bienveillant accueil. Cinq places de colonel étaient vacantes; le général me laissa le choix. Il y en avait deux à Paris, deux dans le Nord et une à Dijon, le 56ᵉ.

D'habitude on ne nomme jamais un colonel dans sa ville natale, pas même, s'il est marié, au lieu de naissance de sa femme; mais le général Farre voulut bien, pour m'être agréable, transgresser cette habitude, et il m'accorda Dijon, que j'avais demandé, en raison de ma famille d'abord, puis des avantages qu'offre notre capitale bourguignonne pour l'instruction des enfants.

J'eus le tort de ne pas tenir assez compte de la situation du 56°. Mon futur régiment était alors très disséminé. Le dépôt était à Chalon-sur-Saône, un bataillon à Langres, le reste à Dijon, mais moitié dans les forts environnant cette ville. Il est vrai qu'on m'affirmait à cette époque qu'il... ne devait pas conserver cette situation *provisoire,* qui durait déjà depuis plusieurs années; mais il la conserva encore, *à mon grand regret,* pendant plus de *huit ans!*

Le décret me nommant colonel du 56ᵉ de ligne parut dans le commencement de mai 1880. J'avais alors *cinquante-trois ans.* C'était encore très beau pour un officier sortant des rangs, et surtout après le retard occasionné par la décision de la commission de revision des grades. J'espérais, en continuant à apporter dans le service tout le zèle, le dévouement, la bonne volonté et l'intelligence dont j'étais capable, pouvoir arriver aux étoiles du généralat avant ma limite d'âge; j'avais alors *sept années* devant moi.

Je possédais, on ne peut le nier, des titres *sérieux* pour justifier cette espérance : excellentes notes, campagnes, blessures, citations et, chose assez extraordinaire, sinon remarquable, *pas une seule punition,* pas un seul jour d'arrêt pendant toute ma carrière! Loin de moi la pensée de me donner comme un saint et de vouloir faire croire que je n'ai jamais mérité *une répression quelconque!*

Non, mille fois non; j'ai eu ma jeunesse comme les autres. Étant sergent-major, sous-lieutenant, lieutenant, jeune capitaine, etc., je me suis amusé et j'ai su prendre ma bonne part des plaisirs habituels. J'ai peut-être aussi encouru beaucoup de punitions; mais, comme j'ai toujours eu pour habitude de faire passer le *devoir* avant les *plaisirs,* on ne m'a jamais puni.

Pendant les *sept années* que j'ai eu l'honneur de commander mon beau régiment, je me suis appliqué et efforcé d'y exercer une discipline *juste, bienveillante et paternelle,* obtenant ainsi de tous, officiers et soldats, ce que je désirais, bien plutôt par la persuasion et les bons conseils que par la répression brutale, souvent aveugle et décourageante.

Comme instruction et comme entraînement, j'ai toujours eu pour principe de ne pas fatiguer mon monde *inutilement.* Il est préférable de ne faire que *deux heures* de bon exercice que d'en faire pendant *cinq heures* sans obtenir de bons résultats, en *éreintant* et en indisposant les uns et les autres.

En faisant appel à l'attention, au bon vouloir de tous, on obtient des résultats surprenants. Dans le métier militaire, chacun a son devoir tracé ; il s'agit donc de le remplir consciencieusement, alors tout va bien. Ainsi que je viens de le dire, le 56° avait son dépôt à Chalon-sur-Saône, c'est-à-dire un bataillon et demi, sous le commandement du lieutenant-colonel, aidé du major et de tous les comptables.

Un autre bataillon était en détachement à Langres, puis à Épinal. Je n'avais à Dijon que les deux autres bataillons, dont une grande partie occupait les forts environnant la ville. J'étais ainsi seul à la portion principale pour exercer ce commandement important et difficile. Je n'avais aucun comptable sous la main et, pour secrétaire, *un seul sous-officier !*

Ce n'est donc pas sans de nombreuses difficultés que je suis arrivé à maintenir mon régiment dans de bonnes conditions *de tenue, d'instruction* et *de discipline.* Avec un aussi gros fractionnement, il n'est pas facile à un chef de corps de faire fonctionner selon ses vues une machine aussi compliquée que celle d'un régiment.

Les rouages, composés des officiers supérieurs et autres, des sous-officiers et des caporaux, se renouvellent fréquemment, et il faut les former. Pour cela il est indispensable de les voir souvent, de ne pas les perdre de vue. Or, le général qui se déplace pour aller inspecter ou visiter sa brigade ou sa division reçoit de l'État une indemnité, et ce n'est que justice ; mais au colonel ou chef de corps on n'alloue *rien,* absolument *rien.*

On comprend facilement qu'un déplacement tel que celui de Dijon à Langres ou à Épinal ne doit pas se renouveler souvent, car si le colonel reçoit une invitation quelconque, et elle est presque *inévitable,* il sait la rendre largement... C'est une anomalie, mais c'est ainsi.

Tous ces inconvénients n'entrent malheureusement que pour une très faible partie en ligne de compte. A l'inspection générale, aux grandes manœuvres enfin, à n'importe quelle réunion de ses fractions, le régiment doit être présenté dans d'aussi bonnes conditions que son voisin dont tous les éléments sont réunis. Il ne serait que juste cependant d'apprécier la somme de travail du chef de corps qui commande un régiment ainsi dispersé, chef si peu secondé comparativement à celui d'un régiment réuni ayant tous ses éléments et ses aides sous la main.

C'est pendant *sept années,* je le répète, que j'ai commandé le 56ᵉ dans les conditions difficiles que je viens de signaler, et j'ai eu la grande satisfaction d'avoir maintenu sa haute et excellente réputation, soit dans l'armée, soit dans la ville, soit enfin auprès de tous ceux qui l'ont vu à l'œuvre ou qui ont eu des relations plus ou moins officielles avec cet excellent régiment.

Mes efforts ont failli être récompensés ; d'abord, en 1883, je reçus la croix d'officier de la Légion d'honneur. Mais j'avais alors vingt-deux *ans* de grade de chevalier dans l'ordre, et j'avais déjà, on l'a vu, été proposé pour cette récompense dès 1870. Je veux parler de ma proposition au grade de général.

CHAPITRE XVII.

Proposition pour le grade de général de brigade. — Ma retraite par limite d'âge. — Dernière revue. — Malheurs de famille.

Pendant deux ans, j'ai figuré au tableau d'avancement ou sur la liste d'aptitude des colonels proposés pour ce grade : la première année (1885), j'obtins l'unanimité ; vingt-deux voix sur vingt-deux généraux en chef réunis à Paris pour le classement. Je pris donc rang sur la deuxième liste d'aptitude, la première étant entièrement composée des candidats classés les années précédentes et non promus.

Malheureusement, pendant l'année qui suivit, je fus atteint d'une fluxion de poitrine qui me coucha dans mon lit juste au moment où il eût été urgent d'aller visiter MM. les généraux en chef chargés du classement, afin de *chauffer* ma proposition.

Je ne pus remplir cette formalité baroque et

assez dérisoire du reste, car enfin le candidat est méritant ou il ne l'est pas. Puisqu'il est proposé par ses pairs, par ceux qui ont pu l'apprécier et qui l'ont vu à l'œuvre, il doit l'être. Qu'est-il besoin alors d'aller se montrer à des supérieurs distingués et très glorieux peut-être, je ne le nie pas, mais qui ont la *prétention* de juger un candidat d'un simple coup d'œil? Et cet œil n'est pas toujours celui d'un aigle. Le fût-il, qu'il lui serait matériellement impossible d'apprécier en quelques minutes et *à sa juste valeur* un candidat inconnu. On me dit que cette prétention est actuellement réglementée; tant mieux, car elle laissait bien à désirer. Je ne pus donc faire ces visites *académiciennes,* et mon classement en 1886 fut le même que celui de l'année précédente.

A cette époque l'avancement était sensiblement ralenti et la première liste d'aptitude était loin d'être épuisée; j'approchai de la tête de la deuxième, mais je ne pus prendre rang sur la première, c'est ce qui m'empêcha d'être nommé.

Avec ma fluxion de poitrine commençait toute une série de malheurs qui me frappèrent cruellement. Bien qu'ils ne rentrent pas dans les faits ou anecdotes militaires, et qu'ils appartiennent à ma vie de famille, je ne crois pas devoir les passer sous silence.

La mort, cette inexorable faucheuse, m'enleva mon deuxième fils, âgé de dix-huit ans... Ce grand et colossal garçon qui à seize ans me dépassait de la tête, était un élève remarquable et donnait sous tous les rapports les plus belles espérances. Cette croissance exagérée l'affaiblit sensiblement, et une bronchite, prise au lycée dans ces conditions, dégénéra en phtisie, que les meilleurs médecins ne purent arriver à combattre victorieusement. Il me fallut voir mon pauvre fils dépérir de jour en jour sans pouvoir enrayer cette terrible maladie.

A force de soins et de dévouement nous le gardâmes en cet état pendant plus d'*une année*, mais il finit par succomber. Ce coup cruel nous frappa juste au moment où ma situation militaire, en ce qui concernait mon avancement, se tranchait au ministère de la guerre, ainsi que je vais le faire connaître.

Voyant approcher le 6 janvier 1887, époque de ma limite d'âge, et pour plusieurs autres raisons, je voulus être fixé sur ma nomination au grade de général. Je partis pour Paris et j'obtins une audience du ministre de la guerre. Je lui exposai ma demande. Il me répondit avec franchise et beaucoup de bienveillance en ces termes :

« Je vous connais, mon cher colonel, je connais
« vos services, j'ai su les apprécier, puisque je vous
« ai donné ma voix avant d'être ministre, et je
« vous nommerais de suite si vous figuriez sur la
« *première liste* d'aptitude ; ce serait mon droit,
« mais vous n'êtes que sur la seconde et je ne puis
« le faire ! Il est regrettable que la limite d'âge vous
« atteigne avant le mois de février ou de mars pro-
« chain, époque à laquelle me parviendra le nou-
« veau tableau d'avancement, car il est plus que
« probable que vous prendriez rang sur la pre-
« mière liste en question, et je vous nommerais
« alors sans hésitation. »

Je remerciai le ministre de sa franchise et de ses bonnes dispositions à mon égard, et je revins à Dijon le cœur assez gros, en *maudissant* une fois de plus l'*infernale* commission de revision des grades, qui m'avait fait perdre plus de *cinq années* d'ancienneté par sa brutale et injuste décision !

Vers le 10 janvier suivant, je reçus l'avis officiel de mon admission à la retraite par limite d'âge. Ce fut un dur moment à passer pour moi ; quitter mon beau et excellent régiment et l'armée après *trente-neuf années* de service effectif passées au milieu de bons et chers camarades dont j'avais partagé les dangers, les misères et toutes les tribulations inhérentes au métier!

Je passai une dernière revue pour faire mes adieux au 56ᵉ et remettre son drapeau au lieutenant-colonel, chargé d'exercer le commandement par intérim, jusqu'à l'arrivée de mon successeur. Ce fut aussi une cérémonie bien douloureuse, bien triste, que celle où je fis rendre la dernière fois les honneurs au drapeau. Je ne pus retenir mes larmes, et, après avoir baisé ses couleurs, je me sauvai bien vite à la salle du rapport, très ému, je l'affirme.

J'eus la satisfaction d'avoir pour me remplacer le jeune lieutenant-colonel S..., officier supérieur distingué et de mérite, que j'avais eu jadis sous mes ordres comme chef de bataillon et qui, du reste, profita de la situation remarquable dans laquelle je lui laissai mon beau 56ᵉ ; il récolta ce que j'avais semé, puisque *quatre* ans après ce jeune colonel fut nommé général.

Ce brusque changement de situation fut un peu adouci en restant à Dijon, où je continuai à avoir mon régiment sous les yeux, me tenant ainsi au courant de chaque chose et assistant bien souvent, à l'écart et inaperçu, soit à une revue, soit à une manœuvre.

Je n'étais pas au bout de mes malheurs, et, bien que le récit de ces souvenirs devrait, conformément au titre, s'arrêter à mon passage de l'activité à la retraite, je demande à dépasser un peu cette limite, afin de montrer une fois de plus combien la fatalité nous poursuit parfois au delà de ce qu'on pourrait appeler les forces humaines.

En 1888, mon fils aîné, âgé de *vingt ans*, ayant échoué une première fois aux examens pour l'École militaire de Saint-Cyr et voyant arriver la conscription, s'engagea au 60° de ligne, à Besançon, afin de pouvoir continuer ses études et se représenter l'année suivante comme militaire.

Tout faisait alors espérer son succès, lorsqu'il fut pris de rhumatismes articulaires et entra d'urgence à l'hôpital militaire de cette ville. Il y fut l'objet des plus grands soins, je me plais à le constater; M. le médecin en chef réussit à paralyser et à détourner ces douleurs rhumatismales qui envahissaient le cœur de mon pauvre Georges, et pendant vingt-quatre heures l'espoir de le sauver nous était rendu. Mais, hélas! lesdites douleurs se portèrent au cerveau, et, dans la nuit suivante, la fatale et impitoyable faucheuse noire *nous l'enleva pour toujours!!*

C'est avec le cœur bien navré, on le comprend, que je retrace ici tous ces événements terribles, qui sont connus à Dijon et qui m'ont attiré à leur heure de vifs et chaleureux témoignages de sympathie et d'amitié. J'en remercie encore aujourd'hui tous ceux qui ont bien voulu compatir à mes peines. Cela a été pour moi et les miens un adoucissement à notre immense chagrin.

On pouvait croire à ce moment que cette infernale fatalité allait au moins me laisser respirer et cesser de me poursuivre. Eh bien, non! Quelques mois après le dernier événement que je viens de raconter, mon *troisième* fils, alors âgé de dix-sept ans, alla un certain dimanche à la campagne (Motte-Giron) avec des personnes bienveillantes et amies.

La journée se passa aussi gaiement qu'elle pouvait l'être pour le pauvre enfant qui avait ressenti, lui aussi, cruellement la perte de ses deux frères aînés. Il revenait le soir en voiture avec une dame et sa fillette et l'ami qui conduisait et à qui appartenait l'attelage.

Le jeune cheval, qui avait été bourré d'avoine

par un domestique, s'emballa dès qu'il fut sur la route, laquelle en partant de cette campagne forme une pente très prononcée. Le conducteur fit de grands efforts pour retenir l'animal, mais les guides se rompirent en projetant ce monsieur sur la route.

La mère et la fillette, épouvantées, se laissèrent glisser par l'arrière de la voiture et ne se firent aucun mal.

Mon fils resta seul et sans trop de frayeur dans la voiture tant que le cheval suivit le milieu de la chaussée, mais en arrivant au bas de la descente, lorsqu'il vit l'animal affolé aller de droite et de gauche, monter sur les tas de pierres et menacer de s'abattre en brisant la voiture contre un des murs, mon fils sauta alors sur la route, mais, en arrivant à terre, sa jambe droite porta à faux et se brisa à environ vingt centimètres au-dessus de la cheville.

J'allais me mettre au lit lorsqu'une voiture de place me rapporta mon pauvre enfant dans cet état!! Je crus devenir fou; je ne voyais plus rien; je ne sais ce qui se passa en moi en ce moment terrible, mais il me sembla ne pouvoir résister à cette série épouvantable d'événements.

Il faut croire que quelque chose de surnaturel

soutient l'homme dans ces cruels moments, car je compris bientôt qu'il fallait tout d'abord un médecin, des soins pour mon pauvre blessé.

Le cher enfant s'efforçait de me rassurer, de me calmer en me disant : « Ce n'est rien, va, père ! »

Je répète que cela se passait un dimanche soir. Je fis courir chez cinq ou six médecins, civils et militaires ; rien ! On ne trouva tout d'abord aucun de ces messieurs, puis ils finirent par arriver *quatre* presque en même temps.

Bref, l'un d'eux prit la direction de l'affaire, la réduction de la fracture fut faite très habilement et la guérison suivit son cours ; heureusement qu'il ne reste rien aujourd'hui à mon fils Maurice de cet accident, qui eût pu avoir des suites funestes.

On peut se rendre compte, par cet exposé, que si j'ai pu profiter jadis de quelques bons moments, de quelques satisfactions dans ma longue carrière, j'ai eu de même ma bonne part de calamités, de peines et de déceptions.

On sait que, d'après la loi, les officiers retraités, même par limite d'âge, passent dans la réserve ou dans la territoriale et, pendant *cinq années,* restent à la disposition du ministre de la guerre.

Ces cinq années sont écoulées pour moi depuis

trois ans; cependant on me conserve encore dans les cadres, espérant sans doute, et cela avec raison, que tant que je sentirai le sang circuler dans mes veines, tant que je le pourrai, en un mot, je tiendrai ce qui me restera d'énergie, de bonne volonté et de dévouement au service de notre chère France !

FIN.

TABLE DES MATIÈRES.

CHAPITRE PREMIER.

Pages.

Quelques renseignements sur le lieu de ma naissance et sur ma famille................................. 1

CHAPITRE II.

Mon entrée au service. — Arrivée au 11ᵉ léger. — Journées de juin 1848..................... 10

CHAPITRE III.

Départ de Rennes pour Marseille. — Catastrophe du pont d'Angers. — Départ pour l'Algérie........... 22

CHAPITRE IV.

Arrivée à Oran. — Ma première garde comme sergent. — Le camp des Moineaux. — Chasse au lion..... 35

CHAPITRE V.

Prise de Laghouat. — Alger. — Courses et grande fantasia arabes. — Expédition en Kabylie........... 55

CHAPITRE VI.

Pages.

Rentrée en France. — Ma nomination de sous-lieutenant. — Guerre de Crimée. 77

CHAPITRE VII.

Siège de Sébastopol. — Prise du Mamelon Vert. — Échec du 18 juin. . . . , ... 85

CHAPITRE VIII.

Inkermann. — Anecdotes du siège. — Bal et théâtre devant Sébastopol. — Traktir. 109

CHAPITRE IX.

Assaut de Malakoff. — Prise de Sébastopol. — Batterie Sutter. — Grande revue. — Mon duel. 133

CHAPITRE X.

Rentrée en France. — Avignon. — Carpentras. — Paris. — Guerre d'Italie (1859). 153

CHAPITRE XI.

Magenta. — Blessure sérieuse. — Tribulations. — Novare. — Turin. — Retour à Paris. 160

CHAPITRE XII.

Val-de-Grâce. — Belfort. — Ma nomination dans la Légion d'honneur. — Camp de Châlons. — Mon mariage. — Saumur. — Tours. — Granville. — Montbrison. . . . 181

CHAPITRE XIII.

Guerre de 1870-1871. — Bitche. — Sarreguemines. — Tuerie de Beaumont. — Mission à Saint-Malo. — 14ᵉ corps (général Vinoy). — Combat de l'Hay. — Première affaire de Buzenval. 189

CHAPITRE XIV.

Passage de la Marne. — Bry-sur-Marne. — Villiers. — Champigny. — Paris affamé. — Succulent déjeuner. — Gardes nationaux à Paris. — Montretout. 219

CHAPITRE XV.

Courbevoie. — Général Berthaut. — Revision des grades. — Montpellier. — Lyon. — Deuxième nomination au grade de lieutenant-colonel. 253

CHAPITRE XVI.

Nomination au grade de colonel. — Le 56ᵉ de ligne à Dijon. — Promotion comme officier de la Légion d'honneur. 260

CHAPITRE XVII.

Proposition pour le grade de général de brigade. — Ma retraite par limite d'âge. — Dernière revue. — Malheurs de famille. 274

PARIS. TYP. DE E. PLON, NOURRIT ET Cⁱᵉ, RUE GARANCIÈRE, 8. — 888.